Manual de Sociolinguística

Conselho Acadêmico
Ataliba Texeira de Castilho
Carlos Eduardo Lins da Silva
Carlos Fico
Carlota Boto
José Luiz Fiorin
Tania Regina de Luca

Proibida a reprodução total ou parcial em qualquer mídia
sem a autorização escrita da editora.
Os infratores estão sujeitos às penas da lei.

A Editora não é responsável pelo conteúdo deste livro.
A Autora conhece os fatos narrados, pelos quais é responsável,
assim como se responsabiliza pelos juízos emitidos.

Consulte nosso catálogo completo e últimos lançamentos em **www.editoracontexto.com.br**.

Stella Maris Bortoni-Ricardo

Manual de Sociolinguística

editora**contexto**

Copyright © 2014 da Autora

Todos os direitos desta edição reservados à
Editora Contexto (Editora Pinsky Ltda.)

Ilustração de capa
Waldomiro Sant'Anna, *Festa Junina* (óleo sobre madeira)

Montagem de capa e diagramação
Gustavo S. Vilas Boas

Preparação de textos
Lilian Aquino

Revisão
Fernanda Guerriero Antunes

Dados Internacionais de Catalogação na Publicação (CIP)
(Câmara Brasileira do Livro, SP, Brasil)

Bortoni-Ricardo, Stella Maris
Manual de sociolinguística / Stella Maris Bortoni-Ricardo. –
1. ed., 3ª reimpressão. – São Paulo : Contexto, 2025.

Bibliografia.
ISBN 978-85-7244-860-4

1. Antropologia cultural 2. Linguagem e línguas
3. Sociolinguística 4. Sociolinguística na educação I. Título.

14-04275   CDD-401.4

Índice para catálogo sistemático:
1. Sociolinguística   401.4

2025

EDITORA CONTEXTO
Diretor editorial: *Jaime Pinsky*

Rua Dr. José Elias, 520 – Alto da Lapa
05083-030 – São Paulo – SP
PABX: (11) 3832 5838
contato@editoracontexto.com.br
www.editoracontexto.com.br

Sumário

Introdução 7

A Sociolinguística: uma nova maneira de ler o mundo 11

As línguas no mundo 23

A Micro e a Macrossociolinguística 37

A herança da Linguística Estruturalista:
a heterogeneidade inerente e sistemática 49

A herança da Linguística Estruturalista:
o tratamento da variação linguística 67

Tradição da Antropologia Cultural:
Dell Hymes e a Etnografia da comunicação 85

A herança da Antropologia Cultural 1:
a Etnografia da Comunicação 103

A HERANÇA DA ANTROPOLOGIA CULTURAL 2:
REDES SOCIAIS E IDENTIDADE..129

A SOCIOLINGUÍSTICA INTERACIONAL...145

O IMPACTO DA SOCIOLINGUÍSTICA NA EDUCAÇÃO......................................157

NOTAS..169

ÍNDICE REMISSIVO..173

SUGESTÕES DE LEITURA SOBRE ALFABETIZAÇÃO E LETRAMENTO........181

BIBLIOGRAFIA..183

A AUTORA..191

Introdução

Escrever um manual de Sociolinguística pensado especificamente para o público brasileiro foi um desafio proposto pela Editora Contexto, que verificou a falta de tal obra no mercado editorial. A Sociolinguística, macroárea interdisciplinar que tomou corpo em meados do século passado, apesar de ser bem jovem, expandiu-se muito em nosso país. Sua vertente variacionista aportou no Rio de Janeiro na década de 1970, mas encontrou, em vários estados, o caminho já amaciado pelos estudos de Dialetologia e pelo grande interesse nacional por gramática, não só a gramática dos gabinetes de vetustos estudiosos, mas principalmente a gramática que se constituiu, desde o Brasil Colônia, em festejado passaporte e reverenciado salvo-conduto para a mobilidade social.

Este é um guia introdutório que cobre todas as vertentes produtivas da Sociolinguística contemporânea, com ênfase nos seus estágios formativos e nas relações entre elas. Tive a preocupação de descrever os estágios formativos e o estado da arte das vertentes mais conhecidas da disciplina: os estudos variacionistas, etnográficos e interacionais, dedicando ainda um capítulo à área multifacetada da Sociolinguística educacional.

Dessa forma, este livro atende à proposta curricular da disciplina Sociolinguística dos bons cursos de Letras, nas suas diversas habilitações (língua materna e línguas estrangeiras). E, ainda, é um livro direcionado especialmente para professores e alunos, para quem a Sociolinguística é uma disciplina seminal. Ao escrever, visualizei meus alunos de Sociolinguística, suas necessidades, dúvidas, carências, compromissos profissionais e a contribuição que têm de dar ao desenvolvimento de nosso país. Minha tarefa estará cumprida se a leitura dos capítulos que seguem incentivar os leitores a buscar mais informações teóricas e mais subsídios metodológicos que lhes sirvam de ferramentas para empreender pesquisa nessa intrincada e fascinante área que dá nome ao livro.

* * *

Hoje em dia, é muito grande a produção de trabalhos acadêmicos em Sociolinguística no Brasil. Cobrir toda essa produção seria tarefa muito além das forças vitais deste manual. Por isso, não coloquei em meu horizonte essa possibilidade. Os programas de pós-graduação com área de concentração em Sociolinguística têm feito esse trabalho de divulgação. Também o GT de Sociolinguística da Associação Nacional de Pós-Graduação e Pesquisa em Letras e Linguística (ANPOLL) tem sido assíduo em divulgar a produção de seus membros. Para os interessados, há uma lista de produções recentes disponíveis na página eletrônica da Editora Contexto (https://www.editoracontexto.com.br/manual-de-sociolinguistica), no link "Material complementar".

* * *

Quero deixar aqui meus agradecimentos aos ex-alunos e colegas Maria da Guia Taveiro Silva, Thaís de Oliveira, Linair de Moura, Eliane Sarreta Alves, que me ajudaram com a digitação e sugestões, e Iveuta Lopes, Maria Avelina de Carvalho, Arthur da Costa Lins e Maria Cecília Mollica, que me forneceram exemplos ilustrativos em seções voltadas para tratamento metodológico.

Dedico este livro a todos os meus orientandos – mais de cem –, com quem, ao longo de todos estes anos de trabalho, discuti muita Sociolinguística.

A Sociolinguística:
uma nova maneira de ler o mundo

Neste primeiro capítulo, vou descrever as circunstâncias que presidiram à emergência da Sociolinguística, no século passado, e remeter a autores que contribuíram para a gênese e o desenvolvimento dessa disciplina.

A Sociolinguística como uma ciência autônoma e interdisciplinar teve início em meados do século XX, embora haja vários linguistas que, muito antes dos anos 1960, já desenvolviam em seus trabalhos teorias de natureza claramente sociolinguística, como é o caso de Meillet [1866-1936],[1] Bakhtin [1895-1975] e membros do Círculo Linguístico de Praga. Esses são pensadores que levavam em conta o contexto sociocultural e a comunidade de fala em suas pesquisas linguísticas, ou seja, não dissociavam o material da fala do produtor dessa fala, o falante – pelo contrário, consideravam relevante examinar as condições em que a fala era produzida.

Duas premissas básicas da Linguística Estruturalista do século XX aplainaram o caminho para a emergência da Sociolinguística como um campo interdisciplinar. Tais premissas são o relativismo cultural e a heterogeneidade linguística, inerente e sistemática (cf. Bortoni-Ricardo, 1997). Nos próximos capítulos, discutirei com detalhes essas premissas.

O relativismo cultural é uma postura adotada nas ciências sociais, inclusive na Linguística, segundo a qual uma manifestação de cultura prestigiada na sociedade não é intrinsecamente superior a outras (cf. Bortoni-Ricardo, 2008). É uma herança da antropologia cultural, que se originou da pesquisa de Franz Boas [1858-1942] (1974/1911) sobre as línguas ameríndias. Para esse autor teuto-americano, nenhum padrão de uma cultura ou de uma língua deveria ser considerado inferior, ainda que seja apropriado postular distinções funcionais entre ele e seus congêneres. Inicialmente, essa premissa relativista aplicou-se a comparações entre línguas, mas, com o advento da crença na heterogeneidade ordenada e do reconhecimento da existência de muitas variedades no âmbito de qualquer língua natural, linguistas nos Estados Unidos e na Europa ampliaram o escopo da premissa relativista para a comparação entre variedades de uma língua, ou, até mesmo, entre os estilos no repertório de um falante. Ver, a propósito, o capítulo "A herança da Linguística Estruturalista: o tratamento da variação linguística".

Na sua infância, a pesquisa sociolinguística foi motivada pela constatação de que crianças oriundas de grupos linguísticos minoritários apresentavam desempenho escolar muito inferior ao das crianças provenientes de classe média e classe alta. Hoje podemos explicar essas diferenças com base no grau de letramento com que as crianças convivem em seu ambiente familiar. Na década de 1960, quando os primeiros sociolinguistas buscavam no repertório linguístico das crianças as explicações para o seu melhor ou pior ajustamento à cultura escolar, ainda pouco se discutia o impacto da cultura letrada sobre grupos sociais ou nacionais.

Liderados por William Labov, os sociolinguistas pioneiros, nos Estados Unidos, desenvolveram intensivas análises contrastivas entre a variedade do inglês que era a língua materna dos alunos em questão e o chamado inglês padrão, falado e ensinado na escola (Labov, 1969; 1972). Nesses tempos em que se firmavam as raízes da Sociolinguística, essa ciência voltou-se prioritariamente para a descrição da variação e dos fenômenos em processo de mudança, inerentes à língua, expandindo-se depois para outras dimensões da linguagem humana. É o que nos mostrou, em 1996, John Gumperz [1922-2013].

> Desde meados dos anos 1960, quando o termo sociolinguística apenas começava a ser aceito, essa disciplina vem ampliando seus objetivos iniciais de investigação, muito além da explicação dos processos de mudança e difusão linguísticos. Na atualidade, especialmente durante a última década, converteu-se em uma disciplina central, preocupada com todos os aspectos da comunicação verbal nas sociedades humanas. Em particular, com as formas como a comunicação influi e reflete as relações de poder e dominação, com o papel que a linguagem joga na formação e perpetuação de instituições sociais, assim como, com a transmissão da cultura.

Nessas múltiplas incursões da disciplina, há que se distinguir, ainda conforme John Gumperz, aspectos analíticos micros e macros (ver capítulo "A Micro e a Macrossociolinguística"). A Macrossociolinguística equivale, *grosso modo*, ao que Fishman (1972a; 1972b) denominou Sociologia da linguagem. Fasold (1984; 1990) publicou dois volumes para tratar desses dois níveis: *The Sociolinguistics of Society* e *The Sociolinguistics of Language* (respectivamente: A Sociolinguística da sociedade e A Sociolinguística da língua, em tradução livre). No primeiro, acolheu temas como multilinguismo, bilinguismo, diglossia, atitudes linguísticas, manutenção e mudança linguística, bem como planejamento e estandardização da língua vernácula. No segundo, incluiu a Etnografia da comunicação, o discurso, a linguagem e o sexismo, a pragmática linguística, as implicaturas conversacionais, as línguas *pidgins* e crioulas, a variação linguística e as múltiplas aplicações da disciplina. Todos esses temas serão discutidos nos próximos capítulos.

A Sociolinguística, como uma disciplina independente, é caudatária do conceito de competência comunicativa do linguista norte-americano Dell Hymes [1927-2009], que se seguiu à introdução da teoria linguística hegemônica de Noam Chomsky, iniciada no livro *Syntactic Structures* (1957), no qual ele retoma a dicotomia saussureana, língua e fala, reanalisadas como competência e desempenho, e consolidadas em sua obra seguinte *Aspects of the Theory of Syntax* (1965) (cf. Bortoni-Ricardo, 2004, capítulo 6; e Bortoni-Ricardo, 2005, capítulo 6).

A língua para o suíço Ferdinand de Saussure [1857-1913] é um sistema abstrato partilhado pelos falantes que lhe dão concretude no âmbito da fala.

Para Chomsky, o conhecimento que os falantes têm da língua é a competência, que se materializa no que ele denominou desempenho ou performance. Hymes (1966) reinterpretou o conceito chomskyano de competência, acrescentando-lhe a noção de adequação na produção linguística, isto é, o conhecimento que permite ao falante produzir infinitas sentenças, de acordo com o sistema da língua, inclui também a capacidade que o falante tem de adequar seu discurso ao interlocutor e às circunstâncias que presidem à sua enunciação. Essa reinterpretação, que valorizava as condições de produção da fala, é afim aos princípios sociolinguísticos, já que estes trouxeram as dimensões sociais para o âmbito dos estudos da linguagem.

Segundo narrativa de Camacho (2013), em maio de 1964, encontraram-se 25 pesquisadores na Universidade da Califórnia em Los Angeles (UCLA) para uma conferência sobre Sociolinguística, promovida por William Bright. Por esse tempo, vários linguistas reunidos no Center For Applied Linguistics e na Universidade de Georgetown, em Washington D.C., buscavam construir metodologias, de caráter variacionista, que dessem conta da heterogeneidade linguística nos grandes centros urbanos, motivados principalmente pelo fraco desempenho escolar de crianças de grupos étnicos e sociais minoritários, particularmente, os falantes do vernáculo afro-americano.[2] Entre eles estavam William Labov, Walt Wolfram, Ralph Fasold e Charles-James Bailey, cujos trabalhos pioneiros podem ser recuperados na coletânea organizada por Wolfram e Fasold (1972): *The Study of Social Dialects in American English*.

> Os esforços dos sociolinguistas variacionistas em relação ao vernáculo afro-americano àquela altura seguiam duas tendências inter-relacionadas: 1) rejeitar veementemente o modelo de déficit linguístico que se atribuía aos estudantes com fraco desempenho escolar e a política educacional compensatória que emergira desse modelo; e 2) explorar a relação entre língua e leitura, propondo novas abordagens para o ensino da leitura [...]. O pressuposto que partilhavam era o de que os problemas de leitura tinham origem nas diferenças entre o sistema linguístico do vernáculo afro-americano e do inglês padrão e no desencontro entre a orientação cultural das crianças afro-americanas e as expectativas da escola. Labov (1969) estabelecia uma clara distinção entre conflitos estruturais, originários das diferenças entre estruturas linguísticas, e conflitos funcionais, que eram um fenômeno transcultural. Para ele, os problemas de leitura das crianças do gueto estavam enraizados numa situação de ignorância recíproca: professores e alunos ignorando mutuamente os sistemas linguísticos uns dos outros. Ele recomentava fortemente que os professores aprendessem a fazer uma distinção entre diferenças [dialetais] de pronúncia e gramática e erros de leitura. (Bortoni-Ricardo, 1997: 61; tradução da autora)

O conceito de relativismo cultural, avançado por Franz Boas, foi introduzido neste primeiro capítulo porque não se pode ler sobre Sociolinguística nem entender as premissas em que essa disciplina se assenta sem que se perceba o alcance epistemológico da noção de relativismo cultural. Da mesma forma, há que se ter claro o conceito de letramento antes de avançarmos na reflexão mais específica sobre Sociolinguística.

Letramento é uma tradução feliz do inglês que se propôs no Brasil para a palavra "*literacy*", que ainda não aparece no *New Illustrated Webster's Dictionary* na edição de 1992. O mesmo dicionário, contudo, à página 571, define assim a palavra "*literate*". adj.1. *able to read and write*. 2. *Having a knowledge of letters or literature: educated n.* – 1. *Anyone able to read and write* [...][<litteratus <littera – letter].

O dicionário bilíngue inglês-português *Webster's*, editado por Antônio Houaiss, em 1983, traz a seguinte definição para "*literacy*": "s. capacidade de ler e escrever; alfabetização, instrução (esp. de 1º grau)".

Em inglês, a palavra "*literacy*" é mais usada no sentido de alfabetização. Vejamos o que dizem Robert Fisher e Mary Williams na introdução de um guia para professores.

> Um dos propósitos centrais da educação é ajudar os alunos a ler e escrever. Para muitas crianças [...] aprender a se tornar letrado é uma luta, à medida que elas e seus professores buscam a chave que vai destravar os mistérios de aprender a ler e a escrever. Neste livro exploramos modos de como ajudar as crianças a desenvolverem suas habilidades de alfabetização [*literacy*], pensando e aprendendo. Tentamos mostrar como o ensino da alfabetização [*literacy*], incluindo a hora diária de alfabetização [*Literacy*], realizada todas as manhãs nas escolas inglesas, pode ser usada criativa e imaginativamente a fim de desenvolver habilidades de leitura, escrita, fala e compreensão oral com crianças de todas as idades e habilidades. (Fisher e Williams, 2000: vii; tradução da autora)

Segundo Kleiman (1995), o conceito de letramento começou a ser usado no Brasil nos anos 1980, acompanhando os avanços do pensamento sobre o tema em outros países. O foco dos estudos de letramento eram as mudanças sociopolíticas e demográficas que se seguiram ao uso extensivo da escrita. Daí o interesse progrediu para a análise do desenvolvimento da tecnologia da escrita em grupos nacionais ou sociais, em sociedades não industrializadas. É oportuno lembrar que foi depois da invenção da imprensa por Gutenberg [1398-1468] que os países europeus passaram a fazer uso disseminado da leitura e da escrita, antes circunscritas aos mosteiros.

Ainda segundo Kleiman (1995: 22), a lógica subjacente ao primeiro modelo dos estudos de letramento previa correlação entre aquisição da escrita e desenvolvimento cognitivo; a dicotomização entre oralidade e escrita e o reconhecimento de poderes intrínsecos à escrita e aos que a detinham (cf. Olson, 1983; Ong, 1982).[3]

Essas posturas foram sendo revistas, contudo. Na década de 1980, particularmente importante foi a constatação de que muitos dos processos cognitivos considerados como consequência da escrita decorrem de fato de práticas escolares. É o treinamento escolar, e não a escrita *per se,* que molda certos modos de processar o pensamento lógico. Uma relevante reanálise que veio influenciar os novos estudos de letramento foi avançada por Brian Street (1984), que identificou duas maneiras de se conceber o letramento: atribuindo-lhe um caráter autônomo ou analisando-o de uma perspectiva ideológica.

No chamado modelo autônomo de letramento, segundo a dicotomia proposta por Street, atribui-se imanentemente à escrita, e por consequência também à leitura, o apanágio de habilitar o indivíduo a realizar operações cognitivas complexas, independentemente de seus antecedentes ou de seu contexto. Um corolário desse entendimento é uma perversa distinção entre indivíduos que sabem ler e escrever, e, portanto, estão aptos a desenvolver raciocínios complexos, e indivíduos incapazes de tais raciocínios, dotados de uma mente pré-lógica. Percebe-se aí a replicação de noções preconceituosas e discriminatórias, que pontuam a história do pensamento humano.

Walter Olson que, em um primeiro momento, aderiu a essa visão de letramento, em 1985, se perguntava:

1. É o letramento, incluindo a invenção dos sistemas de escrita e o desenvolvimento da impressão gráfica, um fator decisivo na mudança histórica e cultural?
2. O letramento altera a vida dos indivíduos social e mentalmente? Em caso afirmativo, como isso se dá?
3. O que há no letramento que é decisivo para produzir essas mudanças sociais e pessoais? É a tecnologia da escrita? É o desenvolvimento das formas de arquivamento? É o domínio da informação preservada nessas formas de arquivo? É o crescimento de um público leitor? É o grau de letramento que é significativo? Há uma homologia entre letramento e a mudança histórica e cultural, por um lado, e as habilidades letradas e mudanças cognitivas em crianças que crescem em uma sociedade letrada, por outro? [...]
4. Finalmente, há diferenças importantes entre a linguagem oral e a escrita? (Olson, 1985: 4 ss.; tradução da autora)

Para depois concluir que praticamente tudo que pode ser escrito pode ser falado, as diferenças ficam apenas nas opções linguísticas referentes aos recursos próprios das duas modalidades. Conclui ainda que as convenções relativas à escrita estão associadas a maior prestígio e autoridade. Como conclusão final, ele assevera:

> O letramento não causa mudança social, modernização ou industrialização. Mas ser capaz de ler e escrever pode ser vital para desempenhar certos papéis numa sociedade industrializada. [...] O que interessa é o que as pessoas fazem com o letramento e não o que o letramento faz com as pessoas. (Olson, 1985: 13; tradução da autora)

Essas conclusões vão ao encontro do modelo ideológico de Street, para quem as práticas letradas são plurais e culturalmente determinadas. Observe-se que o autor, segundo ele próprio esclarece, não usou o termo *ideológico* no sentido marxista estrito.

Na perspectiva sociolinguística que este livro adota, é sensato pensarmos em duas versões do modelo ideológico. A mais fraca postula a pluralidade de práticas letradas, que se consubstanciam em eventos letrados, inclusive eventos locais de letramento pertencentes a culturas não hegemônicas, como veremos no capítulo "A herança da Antropologia cultural 1: a Etnografia da comunicação", sobre práticas e exemplos de Etnografia.

A mais forte advoga que não haveria uma relação causal entre letramento e progresso tecnológico. Essa segunda tese é de difícil comprovação empírica, pois as nações mais adiantadas, e consequentemente mais poderosas, são as que desenvolveram práticas letradas extensivas e impressas, há mais tempo, e têm baixíssimos índices de analfabetismo, inclusive analfabetismo funcional (cf. Moreira, 2003, na questão do analfabetismo funcional).

Comentando o modelo ideológico de letramento de Street, Marcuschi (2001: 28) propõe um contínuo de práticas sociais e atividades comunicativas:

> O modelo que pretendo sugerir como adequado para tratar dos problemas de letramento é o que parte da observação das relações entre a oralidade e o letramento na perspectiva do contínuo das práticas sociais e atividades comunicativas envolvendo parcialmente o modelo ideológico (em especial o aspecto da inserção da fala e da escrita no contexto da cultura e da vida social) e observando a organização das formas linguísticas no contínuo dos gêneros textuais.

Antes de concluirmos o capítulo, vamos nos deter um pouco na questão nº 4, que David Olson se colocou: "Há diferenças importantes entre a linguagem oral e a escrita?". Em diversas passagens deste livro, veremos as distinções entre a modalidade escrita e a modalidade oral da língua. Antecipei algumas delas, com o propósito de deixar mais claras as noções relativas aos tipos de letramento. Essa reflexão nos ajuda também a rejeitar posturas discriminatórias, mais propriamente juízos de valor relativos a tipos de letramento ou a eventos de escrita e de oralidade, que resvalam para preconceitos sociais e linguísticos.

A oralidade é, por excelência, uma atividade localmente construída e muito sujeita às contingências do momento da enunciação. De fato, sabemos que a comunicação oral é coconstruída, pelos interagentes. O falante recebe de seus ouvintes sinais de retorno que o ajudam a produzir e a modular a sua fala. O ouvinte pode, pois, ser considerado o principal elemento do contexto que condiciona a fala de seu interlocutor. Ou seja, o interagente é contexto para o falante. Voltarei a esse tema oportunamente.

Além dos ouvintes, os falantes também dispõem de muitos outros apoios contextuais, particularmente os recursos dêiticos, que apontam mais do que nomeiam, por exemplo: "este aqui", "aquele lá", "agora", "depois" etc. Na escrita, como normalmente os interlocutores não estão partilhando do mesmo contexto imediato, esses recursos não estão disponíveis. Podemos mesmo dizer que, quanto mais apoio contextual tem um falante, menos necessidade esse falante terá de precisão lexical, e a recíproca é verdadeira.

A necessidade de maior precisão lexical na escrita resulta normalmente em maior formalidade e requer mais planejamento. No entanto, não devemos tratar oralidade e escrita como duas entidades dicotômicas. Um tratamento mais adequado é o de um contínuo, com as extremidades marcadas, respectivamente, pelos eventos de oralidade e de letramento (cf. Bortoni-Ricardo, 2005, cap. 4).

Este capítulo introdutório dedicou-se à descrição do estado da arte dos estudos da linguagem quando a Sociolinguística surgiu como uma disciplina autônoma. Foram mencionados os dois pressupostos que constituem as raízes da Sociolinguística e também alguns teóricos que a precederam, mas que já valorizavam as características dos falantes e as circunstâncias da enunciação.

Discutiu-se também a motivação dos pioneiros *vis-à-vis* o baixo rendimento escolar de crianças de grupos minoritários e o surgimento de uma área dedicada aos estudos de letramento.

Exercícios

Questão 01

1.1 Faça uma relação de todos os sociolinguistas citados neste capítulo. Para os que não são contemporâneos, acrescente ao nome o período em que viveram.

1.2 Com base na lista do item anterior, faça uma descrição sucinta da contribuição do autor para o avanço da Sociolinguística.

Questão 02

2.1 Reflita sobre o conceito de letramento, considerando as duas perspectivas propostas por Brian Street: letramento autônomo e letramento ideológico. Em relação ao letramento ideológico, reflita sobre a possibilidade de se ter vários tipos de letramento, tais como letramentos locais e letramentos hegemônicos associados a instituições sociais, como igrejas, burocracia estatal, cartórios e órgãos do Poder Judiciário. Finalmente, pense nas características que marcam a modalidade oral e a modalidade letrada da língua. Todos esses conceitos apresentados no capítulo devem integrar-se de modo a tornar a compreensão de conceitos mais abstratos, como o relativismo cultural e o letramento ideológico e autônomo, mais efetiva.

2.2 Discuta com seus colegas sobre o tratamento discriminatório que a sociedade em geral confere a eventos de letramento locais e não hegemônicos.

As línguas no mundo

Neste capítulo, você encontrará algumas informações sobre os milhares de línguas faladas no mundo e também sobre a dificuldade de se definir uma língua, considerando-se outras que lhe são aparentadas. Para ilustrar a questão, há referência à situação de multilinguismo no Brasil. Seguem-se reflexões iniciais sobre o multilinguismo e a falta de inteligibilidade entre idiomas diversos, bem como sobre a função dos códigos linguísticos como marcas identitárias. Esses temas serão retomados mais à frente.

Quantas línguas existem no mundo? Essa é uma boa pergunta, mas lamentavelmente não há para ela uma resposta precisa. Estima-se que haja entre seis e sete mil línguas.[4] Mas esse é só um número aproximado, por dois motivos. Primeiro porque existem muitas línguas ainda não catalogadas na África, na Ásia e na América do Sul. Em segundo lugar, não é fácil identificar uma língua, porque as línguas não são homogêneas, usadas por todos os seus falantes da mesma maneira. Pelo contrário, elas comportam muita variação. Dizemos que são constituídas por variedades, que, às vezes, são também referidas como dialetos, e os estudiosos podem ter dúvida quanto a definir determinado idioma como uma língua ou como uma variedade de uma língua.

Levantamentos feitos no Brasil também apresentam discrepância quanto à estimativa do número de línguas faladas em nosso país. O grupo de trabalho da diversidade linguística do Brasil, composto em 2006 por iniciativa da Comissão de Educação e Cultura da Câmara dos Deputados e do Departamento do Patrimônio Imaterial do Instituto do Patrimônio Histórico e Artístico Nacional (IPHAN) e do Instituto de Investigação e Desenvolvimento em Política Linguística (IPOL), presta este depoimento:

> No Brasil de hoje são falados por volta de 200 idiomas. As nações indígenas do país falam cerca de 180 línguas (chamadas de *autóctones*), e as comunidades de descendentes de imigrantes cerca de 30 línguas (chamadas de línguas *alóctones*). Além disso, usam-se pelo menos duas línguas de sinais de comunidades surdas, línguas crioulas, e práticas linguísticas diferenciadas nos quilombos, muitos já reconhecidos pelo Estado, e outras comunidades afro-brasileiras. Finalmente, há uma ampla riqueza de usos, práticas e variedades no âmbito da própria língua portuguesa falada no Brasil, diferenças essas de caráter diatópico (variações regionais) e diastrático (variações de classes sociais) pelo menos. Somos, portanto, um país de muitas línguas, tal qual a maioria dos países do mundo – em 94% dos países são faladas mais de uma língua. (Brasil, 2006-2007: 3)

Com relação às línguas *autóctones* no Brasil, trabalhei neste manual com a estimativa de 180. Trata-se de uma estimativa, pois até mesmo os maiores especialistas ficam em dúvida, às vezes, se determinado código oral constitui um sistema que pode ser classificado como uma língua ou, antes, é uma variedade de outra língua aparentada ou vizinha.

É possível que houvesse o dobro de línguas indígenas quando os portugueses chegaram ao nosso país. No entanto, a literatura especializada chega a apontar para a existência de mais de mil línguas faladas no território brasileiro no início do século XVI. Estamos diante de informação que carece de bases comprobatórias, como já mencionei.

Ademais, algumas das línguas identificadas no Brasil têm tão poucos falantes que sua vitalidade é considerada em perigo crítico, apenas um estágio antes da extinção.[5] Há grupos indígenas, entretanto, que têm experimentado crescimento, o que pode significar aumento dos falantes de sua língua materna, caso eles ainda a conservem. Segundo a Fundação Nacional do Índio (Funai), o número de indígenas é de aproximadamente 460 mil, distribuídos em 225 sociedades, considerando apenas os que vivem em aldeias. Naturalmente, há indígenas vivendo fora das reservas e também em áreas urbanas, o que favorece o bilinguismo em seu repertório. É relevante atentar para o que diz o pesquisador Aryon Rodrigues [1926-2014] sobre essa questão.

> A redução [das línguas brasileiras] teve como causa maior o desaparecimento dos povos que as falavam [...] o maior número de línguas desapareceu das áreas que foram colonizadas há mais tempo [...]. Uma linha imaginária traçada de São Luís do Maranhão, ao norte, até Porto Alegre, ao sul, passando por perto de Brasília, no centro, deixa a oeste a área onde sobrevivem as línguas indígenas e a leste a área onde elas se extinguiram quase sem exceção. As exceções são apenas três: a língua Yatê dos índios Fulniô, ao sul de Pernambuco; a língua dos índios Maxakalí, no nordeste de Minas Gerais; e a língua dos índios Xokléng, no município de Ibirama, a oeste de Blumenau, em Santa Catarina. Uma exceção aparente são os grupos de falantes de Guaraní (dialetos Nhandéva e Mbiá) no leste paulista e no litoral dos estados do Paraná, Rio de Janeiro e Espírito Santo, os quais têm migrado nos últimos cem anos, do vale do rio Paraná para a costa atlântica. (Rodrigues, 1986: 20)

É sempre bom reiterar que a situação de multilinguismo é mais comum no mundo que a de monolinguismo. No decorrer dos próximos capítulos voltarei à discussão mais detalhada das características de comunidades monolíngues e multilíngues. Nós, brasileiros, raramente atentamos para esse fato, pois a cultura brasileira é avessa a admitir a característica multilíngue de nosso país.

A convivência de duas ou mais línguas no mesmo território, denominada multilinguismo, e identificada também como plurilinguismo, tem sido objeto de muita reflexão na história da humanidade, como comprovam as tradições religiosas. Vejamos como a questão é tratada na Bíblia.

No Livro do Gênesis, logo após a descrição do dilúvio, o capítulo XI ocupa-se da Torre de Babel. Segundo as escrituras, na Terra "não havia senão uma mesma língua e um mesmo modo de falar". Vindos do Oriente, os homens ocuparam a Terra de Sinear, na Babilônia, e ali decidiram construir uma cidade e uma torre, que chegasse até o céu e os tornasse célebres. O Senhor, porém, para punir-lhes a arrogância, decidiu confundir-lhes a língua, de tal maneira que uns não entendessem os outros e os dispersou por toda a superfície da Terra. À torre inacabada chamou-se Babel, termo que ainda hoje é usado metaforicamente para indicar desentendimento gerado pela falta de inteligibilidade entre modos de falar.

Para ilustrar como a variação linguística é uma marca identitária que define grupos sociais, étnicos e até políticos, vamos nos reportar a outro episódio bíblico no Livro dos Juízes (capítulos XI e XII).

Quando o povo judeu chegou à Terra Prometida, já liderado por Josué, após a morte de Moisés, enfrentou muita disputa por terra. Havia, por esse tempo, um homem chamado Jefté, que era gileadita, da cidade de Gileade. Esse homem liderou diversas batalhas pela posse do território, enfrentando entre outras uma sedição em Efraim. Para combatê-la, convocou os guerreiros de Gileade e conquistaram os vaus do Rio Jordão. Tinham eles, então, de controlar a passagem dos fugitivos de Efraim. Quando esses chegavam, perguntavam-lhes os de Gileade: "Acaso és tu efrateu?". Se respondessem: "Não sou", os gileaditas lhes ordenavam que pronunciassem a palavra "*shibolet*", que significa "espiga". Não conseguiam, contudo, os efrateus, pronunciar como palatal o primeiro segmento consonântico da palavra, certamente porque tal fonema não estava presente em seu repertório fonológico. Pronunciavam-no como alveolar: "sibolet", identificando-se, assim, como inimigos. Os gileaditas, diante dessa evidência, os degolavam.

A história de Jefté é muito antiga, mas episódios relacionados a guerras do século XX também ilustram a questão. Durante as guerras mundiais do século passado, milhares de soldados norte-americanos foram enviados para combater em países europeus. Como estratégia de sobrevivência, faziam cursos intensivos das línguas dos países onde lutariam. Esse esforço de guerra promoveu muita pesquisa contrastiva entre o inglês e outras línguas faladas na Europa. Em particular, no caso dos espiões de guerra, era necessário que falassem a língua local sem sotaque que denunciasse sua origem. A análise fonológica contrastiva apontava os fonemas ou alofones críticos, reveladores da língua materna do falante. Por exemplo, um americano falando francês teria de aprender especialmente a pronúncia da vogal /ü/.

Vejamos outros exemplos, mais próximos de nossa realidade. Um falante nativo do inglês não consegue com facilidade pronunciar as vogais ou os ditongos nasais do português e um brasileiro tem dificuldade de distinguir entre um /i/ breve e um /i/ longo do inglês como no par *sheep* (carneiro) e *ship* (navio), porque não temos essa distinção em português. Já os japoneses, falando português, não discriminam as líquidas /r/ e /l/, porque os dois segmentos não são fonemas distintos em sua língua materna.

Até aqui vimos que peculiaridades do sistema fonológico de uma língua funcionam como marcas objetivas de identidade de seus falantes, permitindo que seus interlocutores identifiquem sua origem. Entretanto, a reflexão sobre as línguas, ou variedades de línguas, como marcas identitárias, deve incluir outros aspectos de natureza ideológica ou psicossocial, conforme veremos ao longo deste livro.

O Círculo Linguístico de Praga, na primeira metade do século XX, apontava que as línguas nacionais exercem uma função separatista e também uma função unificadora. Na fronteira entre dois estados nacionais, por exemplo, a função separatista das línguas torna-se muito relevante. Uma observação, porém, se impõe aqui, antes de prosseguirmos. Fronteiras linguísticas não são rígidas como as fronteiras geopolíticas. A literatura técnica ensina que entre duas capitais europeias, como Viena e Roma, por exemplo, existe um contínuo dialetal no qual, gradualmente, dialetos do alemão, croata, húngaro e esloveno, usados na Áustria, vão sendo substituídos no contínuo por dialetos do italiano, à medida que se avança pelo território da Itália.

Quanto à função unificadora, ensinavam os linguistas de Praga que ela confere o sentimento de pertinência a uma nação, contribuindo para a atitude de lealdade aos valores nacionais.

Não é somente na relação entre línguas oficiais de dois ou mais países que se pode observar o papel de símbolo identitário de um código linguístico. Também no âmbito de uma mesma língua, é notável como os usos linguísticos são um instrumento que os falantes usam para marcar sua identidade, especialmente sua origem geográfica. No Brasil, comunidades de fala em cidades e regiões de colonização mais antiga já desenvolveram variedades que as identificam, seja pelo sotaque, seja por palavras e expressões típicas. Até mesmo em cidades fundadas há menos tempo, como Belo Horizonte, Goiânia e Londrina, por exemplo, já é possível identificar traços no português local que funcionam como marcas identitárias para seus falantes.

Quanto a isso, Brasília é um caso bem especial. Construída no final na década de 1950, para ali convergiram brasileiros de todas as regiões do país e de diferentes estratos sociais. Ainda não se passou o tempo necessário para que nessa capital se consolidasse um sotaque que possa identificar seus residentes. Robert Le Page [1920-2006], sociolinguista e crioulista britânico, denomina esse processo focalização dialetal (Le Page, 1980), o qual se processa ao longo de várias gerações.

Mesmo não tendo ainda se constituído um falar brasiliense, podem-se encontrar marcas identitárias no repertório linguístico dos residentes em Brasília, que analiso como resultado de três movimentos: do regional para ao suprarregional, do rural para o urbano e do oral para o letrado. São marcas suprarregionais porque os modos de falar das novas gerações em Brasília não absorvem nem conservam os traços salientes dos sotaques de outras regiões trazidos por seus pais ou parentes mais velhos. Até mesmo os moradores que chegaram à cidade, já adultos, aos poucos perdem os traços mais típicos de seus lugares de origem.

São marcas urbanas porque a capital do Brasil, mesmo situando-se no centro de uma rica e tradicional cultura rural, busca uma identidade cosmopolita, que se reflete na sua fala. São marcas letradas porque, na condição de capital do país, a cidade exibe índices de escolaridade que superam os de muitas outras áreas (cf. Bortoni-Ricardo; Vellasco e Freitas, 2010).

Uma situação sociolinguística muito peculiar resultante de línguas em contato é a emergência de *pidgins* e línguas crioulas. O termo *pidgin*, considerado derivado da palavra *business*, denota uma língua de emergência desenvolvida para propiciar o contato entre estrangeiros, mais propriamente entre os colonizadores europeus – ingleses, franceses, portugueses, espanhóis e holandeses – e as populações aborígines nos territórios por eles colonizados, como nos informa David DeCamp [1927-1979], (1977).

Os estudos de *pidgins* e crioulos tornaram-se uma disciplina autônoma a partir do final da década de 1950. Segundo a literatura da área, o *pidgin* é um código limitado léxica e estruturalmente, próprio para as funções de comunicação de emergência entre grupos sociais em situações específicas: os conquistadores forasteiros, falantes da língua referida como superstrato, engajados em processos de acomodação (ver capítulo "A herança da Antropologia cultural 2: redes sociais e identidade"), e os grupos aborígines que gradualmente vão-se tornando usuários de interlínguas, em seu esforço de dominar a língua-alvo.

Um *pidgin* pode ter duração razoavelmente efêmera, seguindo dois ciclos possíveis: ou desaparece ou evolui para uma língua crioula. A passagem do *pidgin* para uma língua crioula dá-se quando uma ou sucessivas gerações o adotam como uma língua materna, conferindo-lhe as características de uma língua natural.

> A única forma de um *pidgin* escapar da extinção é evoluindo em uma língua crioula; i.e. a sintaxe e vocabulário são ampliados e ele se torna a língua nativa da comunidade. Após essa metamorfose pode sobreviver longamente depois do término dos contatos entre línguas que mantiverem o *pidgin*. De fato não se pode saber quantas línguas "normais" no mundo originaram-se de um processo de *pidgin* – crioulo. (DeCamp, 1977: 16; tradução da autora)

Caracteriza-se um *pidgin* pela drástica redução flexional da morfologia da língua-alvo, especialmente no caso das marcas redundantes, e pela refonologização do léxico tomado de empréstimo ao superstrato. É possível também ocorrer uma relexificação quando um *pidgin* sofre influência de uma segunda colonização.

Estima-se que só no Caribe seis milhões de pessoas falem crioulo, que é também encontrado na África Ocidental (Serra Leoa e Camarões), na África do Sul, no sul e sudeste da Ásia (Índia, Macau e Filipinas) etc. DeCamp (1977) afirma que os falantes de crioulo de base francesa podem totalizar quatro milhões e quinhentos mil, distribuídos pelo Haiti, pela Guiana Francesa, pela Louisiana e pelas Antilhas (Guadalupe, Martinica etc.).

Os crioulos de base inglesa são falados por cerca de um milhão e meio de pessoas na África Ocidental, na Jamaica, em Trinidad e Tobago, em Barbados etc.

O Instituto Camões faz referência aos crioulos de base portuguesa que menciono nos parágrafos a seguir.

Na África, encontram-se os crioulos da Alta Guiné (em Cabo Verde, Guiné-Bissau e Casamansa) e os do Golfo da Guiné (em São Tomé e Príncipe e Ano Bom). Na Índia, os crioulos denominados indo-portugueses são os seguintes: de Diu, Damão, Bombaim, Chaul, Korlai, Mangalor, Cananor, Tellicherry, Mahé, Cochim, Vaipim e Quilom, e da Costa de Coromandel e de Bengala. Em Sri-Lanka são citados os de Trincomalee e Batticaloa, de Mannar e da zona de Puttallam. Há controvérsia quanto à existência de um crioulo em Goa.

São referidos também crioulos de base portuguesa na Ásia: na Malásia (Malaca, Kuala Lumpur e Singapura) e em algumas ilhas da Indonésia (Java, Flores, Ternate, Ambom, Macassar e Timor), conhecidos sob a designação de malaio-portugueses. Os crioulos sino-portugueses citados são os de Macau e Hong-Kong.

Convém mencionar ainda que o papiamento de Curaçau, Aruba e Bonaire, nas Antilhas, e outro crioulo no Suriname, o Saramacano, incluem, em parte, léxico de base portuguesa.

Vejamos a seguir um exemplo de crioulo cabo-verdiano na canção de Sara Tavares.[6]

Voá borboleta
(Sara Tavares)

Voá borboleta, abri bôs asas e voá.
Bem trazêm quel morabeza
Quand m'oiábô voá.
Bô ca têm ninhum tristeza.
Mesmo si bô ta morrê manhã.
Dor ca ta existi pa quem voá.
Borboleta, borboleta.
Abri bôs asas e voá, mesmo se vida bai amanhã.
Borboleta... Se um prende vivê ess vida.
Cada dia voá.

> É um mensagem pa tude gente.
> Qui tá sobrevivê tude alguém sim força pá voá pa vivê.
> Lá na mei de escuridão, No podê encontra razão.
> Só no credita.
> No podê voá.
> Borboleta, borboleta.
> Abri bôs asas e voá.
> Mesmo se vida bai amanhã.
> Borboleta.
> No podê vivê nos vida.
> Cada dia voá

No Brasil, há uma robusta polêmica sobre a existência de *pidgins* no território brasileiro no período colonial que explicaria grande parte das características de variedades populares, distribuídas no contínuo rural-urbano do nosso português.

Naro e Scherre (2007) posicionam-se contra essa hipótese de crioulização. Já Lucchesi (2008) apresenta evidências em favor da hipótese. Há que se admitir, todavia, que o contato de línguas no Brasil, entre os séculos XVI e XVIII, favorecia o surgimento de *pidgins*. Sua evolução em uma língua crioula, de que não há registros, pode ter sido sustada pelo aumento da presença portuguesa motivado pela descoberta de ouro e de diamantes em Minas Gerais e pela política de imposição da língua metropolitana pela Coroa de Portugal.

> O fato é que o contato de línguas, a ausência de um sistema educacional e a ínfima circulação de textos escritos em português, já que até 1809 era proibida na Colônia qualquer atividade de imprensa, contribuíram para formar no Brasil uma variedade dialetal de português oral, muito distinta da língua falada e escrita em centros urbanos em Portugal e, posteriormente, no Brasil. (Bortoni-Ricardo, 2011: 29-30)

Retomarei esse tema no capítulo "A Micro e a Macrossociolinguística".

Serafim da Silva Neto [1917-1967] (1977/1950: 33-34) faz referência a fragmentos do português falado por índios e recolhidos em 1620, que nos parecem evidência de uma interlíngua:

> 1 – Rey
> Be pala cá Tapua
> Eguê
> Façamo feça a nozo Rey
> Façamo, façamo feça a nozo Rey
> Oya Tapua que rigo
> Tapuya vem nos nopreças
> Que nozo há de fazê um feças
> Se vos vem quando te rigo
>
> Resposta:
> Nós nô quere ba contigo
> Minya Rei que me quere?

Embora o registro careça de fidedignidade científica, como o próprio autor alerta, pode-se conjeturar que estejamos diante de evidências de um processo de pidgnização.

Neste capítulo lembrei que no mundo são faladas milhares de línguas, mas alertei para a dificuldade de se identificar uma língua, considerando as que lhe são aparentadas ou as suas variedades. Mesmo no Brasil, que muitos creem seja um país monolíngue, falam-se cerca de 200 idiomas, dos quais 180 são indígenas.

Em relação a situações de multilinguismo e à relação entre língua e identidade, citei episódios bíblicos ilustrativos e exemplos contemporâneos. Foi mencionada a doutrina do Círculo Linguístico de Praga referente ao conceito de língua padrão e referidas jovens comunidades de fala no Brasil onde estão em andamento o processo de focalização dialetal e o de difusão dialetal. Em seguida discuti línguas *pidgins* e crioulas, como um exemplo especial de línguas em contato. Na conclusão, tratei sucintamente da controvertida hipótese de crioulização na formação do português brasileiro.

Exercícios

Questão 01

Reflita sobre o Artigo 8º da Declaração Universal dos Direitos Linguísticos anunciada em Barcelona, em 1996, e escreva um texto de cerca de 20 linhas sobre o tema.

Artigo 8º
1. Todas as comunidades linguísticas têm direito a organizar e gerir os recursos próprios, com a finalidade de assegurar o uso de sua língua em todas as funções sociais.
2. Todas as comunidades linguísticas têm direito a dispor dos meios necessários para assegurar a transmissão e a continuidade de futuro de sua língua.

Questão 02

Pesquise os seguintes temas:
2.1 São Gabriel da Cachoeira, na região do Alto Rio Negro, Amazonas, é considerada a área mais plurilíngue do Brasil, pois em um único município falam-se 23 línguas diferentes. Em 22 de novembro de 2002, a Câmara dos Vereadores desse município promulgou lei que co-oficializou três línguas indígenas em nível municipal: o tukano, o nheengatu e o baniwa. Pesquise sobre essa localidade e esse ato legislativo.

2.2 Na Ilha (fluvial) do Bananal convivem muitas etnias indígenas com línguas e culturas diversificadas. Faça uma pesquisa sobre a ecologia linguística e sociocultural nessa região.

2.3 Pesquise sobre o Talian, língua de origem vêneta. Verifique qual o número estimado de falantes do Talian no sul do Brasil.

2.4 Em 20 de abril de 2002, foi promulgada a Lei nº 10.436, que regulamentou a Língua Brasileira de Sinais (Libras) na educação e reconheceu direitos fundamentais das comunidades surdas do Brasil. Essa lei foi depois regulamentada pelo Decreto 5.626/2005, que determinou que as escolas brasileiras devem ensinar Libras aos alunos surdos e língua portuguesa como segunda língua. Pesquise sobre a natureza dessa língua, que é uma língua natural, e sobre o número de seus usuários. Já há no Brasil cursos de licenciatura em Letras Libras que preparam professores dessa língua. Quantos são esses cursos e quantos professores já formaram? Pesquise.

A Micro e a Macrossociolinguística

Chegamos ao terceiro capítulo, que está voltado para discutir a distinção entre estudos microssociolinguísticos e os que compõem a Macrossociolinguística. Para que essa distinção fique mais clara, dedicarei alguns parágrafos à contribuição de Erving Goffman [1922-1982] aos estudos interacionais de natureza microanalítica. Quanto à dimensão macro da disciplina, recuperarei alguns legados do Círculo Linguístico de Praga, tais como a intelectualização e a complexidade nas línguas, apresentarei o conceito de diglossia e me deterei em uma reflexão sobre atitudes linguísticas.

No primeiro capítulo deste manual, discutindo o escopo e a abrangência da Sociolinguística, introduzi a informação sobre objetos de estudo dessa disciplina que caracterizam uma macroanálise, e outros que podem ser identificados como aspectos microanalíticos. Os primeiros vão habitar a Macrossociolinguística, enquanto esses últimos vão ser abordados pela Microssociolinguística. Essa divisão guarda semelhança com o que ocorre em outras ciências humanas, como a Sociologia, por exemplo. A pesquisa sociológica, por meio de *surveys* ou grandes levantamentos, vai constituir a dimensão macro da disciplina.

Erving Goffman [1922-1982], em um texto clássico publicado em 1964, considera que, a par dos estudos sociológicos de natureza macroanalítica, concernentes a classe social, casta, grupos etários, gênero, país ou região de origem, graus de escolaridade, enfim, aspectos contemplados em uma análise macrossocial, há dimensões negligenciadas relativas à interação social, que vão configurar uma microanálise. Esse pesquisador, nascido no Canadá, desenvolveu sua carreira de sociólogo nos Estados Unidos e foi presidente da American Sociological Association. Seu principal foco de estudo era a dimensão simbólica nas interações, como será retomado no capítulo "A Sociolinguística Interacional". Ele escreveu em 1964 (traduzido para o português em 2002: 15):

> A conversa é socialmente organizada, não apenas em termos de quem fala para quem em que língua, mas também como um pequeno sistema de ações face a face que são mutuamente ratificadas e ritualmente governadas, em suma, um encontro social. Uma vez que um estado de conversa tenha sido ratificado, é preciso haver pistas à disposição para requisitar a palavra e cedê-la, para informar o falante quanto à estabilidade do foco de atenção que está recebendo. Uma colaboração íntima deve ser mantida para assegurar que um turno de fala nem se sobreponha ao anterior em demasia, nem careça de um acréscimo conversacional supérfluo, já que o turno de alguém deve estar sempre e exclusivamente em andamento. Se há pessoas presentes à situação social, mas não ratificadas como participantes no encontro, então o nível de som e o espaçamento físico terão que ser administrados para demonstrar respeito por esses outros indivíduos que estão à volta sem, contudo, demonstrar desconfiança em relação a eles.

Goffman também atentou para as expressões faciais dos interagentes, que chamou de decoração facial, durante os encontros, bem como para os gestos e a distância mantida entre eles, objeto dos estudos de proxêmica. Ele considerava todos esses elementos estruturas gramaticais das interações.

Para se entender o que Goffman denominou estruturas gramaticais das interações, há que se levar em conta as restrições sistêmicas (Goffman, 1976), que marcam a acessibilidade física e social entre os falantes, considerando-se o perfil e o papel social de cada um no evento, e considerar a distinção, ainda segundo o mesmo autor, entre interações pessoais e transacionais, estas últimas mais focalizadas e geralmente públicas (vejam-se, por exemplo, as diferenças entre uma conversa trivial e um encontro profissional, como as entrevistas, em Bortoni-Ricardo, 1985, traduzido para o português em 2011: 244-245).

Todas essas características dos encontros sociais que o trabalho pioneiro de Erving Goffman apontou são objetos da Microssociolinguística e são mais trabalhadas no ramo da disciplina denominado Sociolinguística Interacional. (Ver, a propósito, Ribeiro e Garcez, 2002.)

Vamos alterar nossa discussão, nesta altura, focalizando alguns temas que Fasold (1984), já apresentado no capítulo "A Sociolinguística: uma nova maneira de ler o mundo", considerou pertinentes ao campo da sociolinguística da sociedade, referentes à dimensão macro da disciplina. Começarei pela tradição linguística do início do século XX.

O Círculo Linguístico de Praga reuniu, entre os anos 1928 e 1939, naquela cidade do Leste Europeu, eminentes estudiosos da linguagem, muitos dos quais, como Roman Jakobson, oriundos da Rússia, e deixou importantes legados à Linguística desenvolvida desde então. Já se preocupavam, esses estudiosos, com aspectos macrossociolinguísticos. Um exemplo é a postulação de uma escala de três níveis quanto à intelectualização e à complexidade nas línguas, a saber: dialeto de conversação, técnico rotineiro e científico funcional (Garvin e Mathiot, 1974).

Na mesma linha de raciocínio, encontramos o conceito de diglossia proposto por Charles Ferguson [1921-1998] em 1959, que leva em consideração, além das diferenças estruturais entre línguas e variantes de uma língua, também as diferenças funcionais. Segundo esse pioneiro das ciências linguísticas, um importante traço da diglossia é a especialização de função dos códigos coexistentes no repertório de uma comunidade, isto é, cada código assumindo um papel definido. Por exemplo, Garvin e Mathiot examinam a ecologia sociolinguística do Paraguai e descrevem a distribuição diglóssica entre as línguas guarani e castelhano, cada uma delas exercendo na comunidade de fala paraguaia funções bem distintas. É em guarani que as pessoas conduzem geralmente suas conversas espontâneas. Já na implementação das tarefas burocráticas, midiáticas e literárias, é mais comum o uso do castelhano. Retomarei essa reflexão sobre intelectualização e complexidade de línguas nos próximos capítulos, ao tratar da herança da Linguística Estruturalista.

Outro componente macrossociolinguístico é a própria descrição do domínio e da história externa de uma língua,[7] bem como do grau de letramento em uma comunidade de fala. Vejamos alguns exemplos relativos a esse componente. A língua portuguesa é língua oficial do Brasil e de sete outros países, a saber: Portugal, Moçambique, Angola, São Tomé e Príncipe, Ilhas de Cabo Verde, Guiné-Bissau e Timor Leste. Castilho (2010: 174 ss.) cita ainda populações lusófonas: nos Estados Unidos (365.300); em Goa (250.000); na França (150.000); no Canadá (86.925); e em Macau (2.000). Estima-se que seja falada por 230 milhões de pessoas, nos cinco continentes, em territórios que somados perfazem 10.074.000 km^2. Tudo isso faz do português a oitava língua mais falada no mundo e a terceira com maior número de usuários no Ocidente. A nós, brasileiros, interessa saber também que em cada quatro falantes de português no mundo, três são brasileiros.

De fato, entre os oito países lusófonos que constituem a Comunidade dos Países de Língua Portuguesa (CPLP), somente em Portugal e no Brasil o português, além de ser língua oficial, é também língua materna de quase a totalidade da população. Portugal conferiu *status* de língua oficial também ao mirandês. No Brasil, o português é a única língua oficial, mas existem, como vimos no capítulo anterior, cerca de 180 línguas minoritárias, as das nações indígenas, as preservadas em áreas de imigração ocorrida a partir do século XIX e duas línguas de sinais.

Pode-se considerar a língua portuguesa o maior patrimônio de nossa constituição como nação. Durante os dois primeiros séculos da colonização, o português, que se expandiu gradualmente, à medida que aumentava o número de colonizadores lusitanos, conviveu com línguas nativas e línguas africanas. Marcas desse multilinguismo são encontradas na redução flexional dos sistemas nominal e verbal de variedades usadas no Brasil, como veremos nos próximos capítulos. Alguns pesquisadores atribuem nosso extensivo monolinguismo a um processo glotofágico, paralelo ao etnocídio de nossa população aborígine e à atenta política linguística da corte portuguesa. Não se podem perder de vista esses fatos históricos.

A língua portuguesa deve ser objeto de nosso apreço e de nosso orgulho. No entanto, há que se trazer à consideração alguns dados preocupantes sobre o português, a começar pelo fato de que o mundo da lusofonia é também um mundo de analfabetismo, que vamos ilustrar somente com dados brasileiros.

O Censo de 2010 indicou que 9,6% dos brasileiros são analfabetos absolutos e o Quinto Indicador Nacional de Alfabetismo Funcional (INAF), divulgado em setembro de 2005, mostrou que só 26% da população brasileira, na faixa de 15 a 64 anos de idade, são pessoas plenamente alfabetizadas (www.ipm.org.br). Isso se reflete na pouca presença do português na web. Esses dados serão retomados no capítulo "O impacto da Sociolinguística na educação".

Há seis mil línguas no mundo e somente 12 delas são usadas em 98% das páginas na internet, sendo que o inglês é empregado em 72% do total desses casos (www.europolitics.info>Search=295035).

Outro dado importante diz respeito aos hábitos de leitura no Brasil. Segundo a Câmara Brasileira do Livro (CBL), em estudo de 2008, somente 13,6% da população brasileira lê pelo menos três livros por ano. Cada brasileiro lê, em média, 1,8 livro/ano, em oposição aos Estados Unidos (cinco livros *per capita*) e à Europa (entre cinco a oito livros lidos por habitante).

A promoção da leitura é uma política pública importante, assim como o aperfeiçoamento da Educação de Jovens e Adultos (EJA). Apesar dos investimentos brasileiros nesse setor, os resultados não têm sido animadores. Uma boa iniciativa governamental, visando ao incremento da leitura e da escrita no Brasil, poderia ser a criação do sonhado Instituto Machado de Assis, nos moldes dos Institutos Camões, Cervantes, Goethe e outros, que são propulsores da educação linguística e da cultura literária em seus respectivos países. Voltarei ao tema do extensivo analfabetismo no Brasil no capítulo sobre Sociolinguística e educação.

Ralph Fasold (1984), em seu volume dedicado à Sociolinguística da sociedade, incluiu, como já vimos, entre os componentes macrossociais que são estudados nesse campo, a pesquisa das atitudes linguísticas, ou seja, dos sentimentos positivos ou negativos que os falantes nutrem em relação a línguas ou variedades. Conhecer esses sentimentos é importante na aferição da vitalidade das línguas, de sua preservação ou, alternativamente, do deslocamento de uma língua por outra em comunidades bilíngues ou plurilíngues. Em relação a línguas e variedades que compõem o repertório de sua comunidade de fala, os falantes podem ter sentimentos de orgulho, de lealdade, podem nutrir por elas sentimentos positivos, considerando-as bonitas e agradáveis de ouvir, ou sentimentos negativos, associando-as a *status* desprestigiados na sociedade. Esse tema será mais desenvolvido no capítulo "A herança da Antropologia cultural 2: redes sociais e identidade".

Para ilustrar a dinâmica dos estudos de atitudes, vou me referir a três deles realizados no Brasil. O primeiro de Bortoni-Ricardo (2008a), conduzido em 1977, voltou-se para as reações de falantes universitários e semialfabetizados mediante enunciados nos quais ocorre a concordância verbal não padrão, em que o sujeito de terceira pessoa do plural é acompanhado da forma verbal de terceira pessoa do singular, como em "eles veio/ elas quer/ eles vai/ os políticos faz" etc.

A pesquisa de atitudes demonstrou que os falantes universitários reagiram negativamente à concordância verbal não padrão e, mais ainda, que sua reação variava de acordo com o grau de saliência da regra, ou seja, com a classe morfológica do verbo e com a posição do sujeito em relação ao verbo. Voltarei à questão da concordância verbo-nominal nos próximos capítulos. Já os falantes semialfabetizados não demonstraram qualquer reação negativa em relação à regra.

O segundo estudo de atitudes foi realizado por Djalma Cavalcante Melo (2010). O pesquisador procurava saber como falantes residentes em Brasília avaliavam os sotaques dos falares regionais sucintamente descritos no quadro a seguir.

Falares regionais incluídos na pesquisa de Melo (2010)

Dialeto carioca	– o /s/ realizado como fricativa palatal surda, diante de silêncio e diante de consoante surda; – o /s/ realizado como fricativa palatal sonora, diante de consoante sonora; – a palatalização do /t/ e do /d/ antes das vogais /i/, /ĩ/ e /y/.
Dialeto gaúcho	– o /r/ como vibrante múltipla no início de palavras e depois de vogal nasal; – o /t/ e o /d/ palatalizados diante da vogal /i/, /ĩ/ e /y/; – o /d/ não palatalizado diante de vogal /e/; – a não abertura e/ou elevação das vogais /e/ e /o/ pré-tônicas.
Dialeto goiano	– o /r/ retroflexo, denominado "r – caipira".
Dialeto paulista	– o /r/ realizado como vibrante múltipla, no início de palavras e depois de vogal nasal.
Dialeto pernambucano	– a não palatalização do /t/ e do /d/ antes das vogais /i/, /ĩ/ e /y/, pronunciadas como oclusivas linguodentais surda e sonora; – abertura das vogais /e/ e /o/ pré-tônicas.
Dialeto brasiliense	Caracteriza-se por não possuir traços marcantes estereotipados, mas, de qualquer maneira, podemos caracterizá-lo assim: – um /s/ implosivo alveolar (como o usado em Minas Gerais e São Paulo na palavra *pasta*); – um /r/ implosivo posterior (característico da área setentrional do Brasil até o Rio de Janeiro, em palavras como *parte*); – vogais pré-tônicas não abaixadas (características da área meridional do Brasil, em palavras como *novela*); – /t/ e /d/ palatalizados diante de /i/ (como empregado em quase todo o Sudeste, em palavras como *tímido* (cf. Hanna, 1986).

Os estudantes, universitários e supletivistas, ouviram gravações de um mesmo texto feitas por falantes nativos de cada um dos falares em questão e as avaliaram em uma escala de cinco pontos, denominada diferencial semântico. Quanto mais próxima de 5, mais positiva a avaliação.

Os resultados estão sumariados na tabela a seguir, obtida no relatório final de Melo (2010). Pode-se constatar que, para os residentes em Brasília, que atuaram como ouvintes juízes na pesquisa, os sotaques mais bem avaliados e atribuídos a profissões de mais prestígio foram, em ordem decrescente, o brasiliense, o carioca, o gaúcho, o goiano, o paulista (do interior) e o pernambucano.

Resultados da pesquisa de atitudes de Melo (2010)

DIALETOS	SEXO		ESCOLARIDADE		TOTAL 120	TESTE t
	M(60)	F(60)	S(60)	U(60)		
Brasiliense	4,11	4,23	4,03	4,31	4,17	23,40*
Carioca	3,33	3,55	3,52	3,36	3,44	8,80*
Gaúcho	3,47	3,55	3,65	3,35	3,50	9,40*
Goiano	3,18	3,24	3,47	2,94	3,21	3,50*
Paulista	3,74	3,95	3,80	3,90	3,85	8,22*
Pernambucano	2,99	2,95	2,97	2,93	2,97	0,60*

*p<0,01.

Um estudo mais recente de Verônica Pereira de Almeida, apresentado como dissertação de mestrado na UFBA, pesquisou a percepção que crianças de 10 e 11 anos têm em relação à variação linguística (Almeida, 2013: 79). Entre os 23 alunos pesquisados, 74% responderam que costumam observar o modo como as pessoas falam; perguntados se as pessoas falam do mesmo modo, todos responderam que não. Quando a pesquisadora pediu que justificassem a resposta, apontaram para diferenças dialetais regionais. Vejamos:

> **Pesquisadora**: *Você já viajou assim para algum lugar, já viu em algum lugar, assim, as pessoas falarem diferente do jeito que você fala?*
> **Aluno**: *Rio de Janeiro e Aracaju.*
> **Pesquisadora**: *Rio de Janeiro e Aracaju? O que é que 'cê viu? [Como] que 'cê percebeu?*
> **Aluno**: *No Rio de Janeiro, todo mundo fala [no Rio de Janeiro] "irado".*

Pesquisadora: *"Irado"? Ahn e em Aracaju?*
Aluno: *O povo fala engraçado.*
Pesquisadora: *Engraçado, né? Como é que é engraçado?*
Aluno: *Eles falam... ficam falando parecendo gente de Portugal.*
Pesquisadora: *De Portugal? {risos}*
Aluno: *É "tu viste", "tu feste".*
Pesquisadora: *"Tu viste". E o que é que 'cê acha disso?*
Aluno: *Normal e diferente.*

A literatura sociolinguística define o período de pré-puberdade como sendo o de início da percepção mais sistemática que os indivíduos desenvolvem quanto à variação da fala em suas comunidades (cf. Payne, 1980). O estudo de Almeida confirma esse fato.

Convém ainda referir, quanto à questão de atitudes linguísticas no Brasil, dois estudos que se ocupam de atitudes de professores e alunos. Cyranka (2011) detém-se nas reações desses grupos às variedades rurbanas e rurais, e Ramos (1999) faz o levantamento das atitudes linguísticas na comunidade de fala de Campina Grande (Paraíba) em relação a traços do falar local.

Este capítulo foi dedicado à distinção entre estudos microssociolinguísticos e macrossociolinguísticos. Para ilustrar uns e outros, recorri a alguns conceitos clássicos, como os propostos pelo Círculo Linguístico de Praga referentes à padronização das línguas, valendo-me também do entendimento que o sociólogo Erving Goffman tinha da questão.

O capítulo detalhou ainda vertentes dos estudos sociolinguísticos caracterizados na literatura da área como produtos de macro e de microanálises, detendo-se especialmente nos estudos de atitudes linguísticas.

Exercícios

Questão 01

A Comunidade dos Países de Língua Portuguesa (CPLP) congrega oito países: Portugal, na Europa; Brasil, na América do Sul, e cinco países de língua oficial portuguesa, na África, além do Timor Leste na Ásia. Faça uma pesquisa sobre a situação de multilinguismo nos cinco países africanos que pertencem à CPLP: Moçambique, Angola, São Tomé e Príncipe, Ilhas de Cabo Verde e Guiné-Bissau.

Questão 02

Com base nos exemplos trazidos no capítulo, faça duas listas comentadas, a saber: dimensões microssociolinguísticas e dimensões macrossociolinguísticas no âmbito da disciplina.

Questão 03

Reflita sobre o seguinte diálogo citado por Ramos (1999) e, em seguida, escreva um texto curto (um ou dois parágrafos) sobre a sua reflexão.

Pesquisadora: *De qual você gosta mais... do /t/ e /d/ como pronuncia o paraibano ou o carioca?*
Colaborador: *Eu gosto do meu jeito de pronunciar... a minha esposa M. ela é carioca e a gente conversa muito sobre isso... ela particularmente acha o meu feio... mas eu acho o meu bonito também... muitas vezes quando eu viajo... eu gosto de mostrar o meu modo de falar, sobretudo quando eu sou valorizado.*

A herança da Linguística Estruturalista: a heterogeneidade inerente e sistemática

Já vimos – e vamos voltar a esse tema nos próximos capítulos – que o objeto principal dos estudos linguísticos na tradição estruturalista, na Europa e na América do Norte, eram as formas linguísticas. O uso e a função dessas formas eram considerados apenas conceitos auxiliares.

A partir de Saussure, a escola estruturalista linguística experimentou grandes avanços, tanto teóricos quanto metodológicos, com ênfase no descritivismo. Um marco teórico muito relevante nesse avanço foi a postulação do conceito de fonema, distinto do mero som vocal, como proposto por Boudoin de Courtenay [1845-1929] e difundido por Trubetskoy [1891-1938], Jakobson [1896-1982] e Karcevsky [1884-1955]. O fonema foi concebido como um som vocal que tinha relevância linguística em determinada língua, pois detinha o apanágio de distinguir uma palavra de outra (cf. Mattoso Câmara Jr. [1904-1970], 1979). Em seu *Dicionário de Linguística e Gramática*, Mattoso Câmara Jr. (1978:118) define fonema como "O conjunto de articulações dos órgãos fonadores cujo efeito acústico estrutura as formas linguísticas e constitui numa enunciação o mínimo segmento distinto", e em seguida descreve as realizações fonéticas de um fonema, que constituem os seus alofones, que podem ser livres ou posicionais.

Em todos os níveis que postularam para a descrição linguística, começando pela Fonética e Fonologia, seguidas da Morfologia e Morfossintaxe, os estruturalistas ativeram-se ao rigor metodológico, descritivista. O postulado de homogeneidade do código permitia análises muito precisas.

Dell Hymes (1974: 79) propõe o seguinte quadro descritivo da Linguística Estruturalista, comparando-a aos modelos funcionalistas:

Comparação de focos entre Linguística Estruturalista e Funcionalista

Linguística Estruturalista	Linguística Funcionalista
1. Estrutura da língua (código) como gramática.	Estrutura da fala (ato, evento) como modos de falar.
2. O uso meramente implementa [...] o que é analisado como código. A análise do código tem prioridade sobre a análise do uso.	A análise do uso tem prioridade sobre a análise do código; a organização dos usos desvela traços adicionais e relações; uso e código são vistos numa relação (dialética) integral.
3. Ênfase na função referencial.	Uma gama de funções estilísticas ou sociais.
4. Elementos e estrutura linguísticos são analiticamente arbitrários, numa dimensão comparativa ou universais, na perspectiva teórica.	Elementos e estruturas são etnograficamente apropriados.
5. Equivalência funcional das línguas essencialmente (potencialmente) iguais.	Diferenciação funcional (adaptativa) de línguas, variedades e estilos, que são existencialmente, mas não necessariamente equivalentes.
6. Código e comunidade homogêneos (replicação da uniformidade).	Comunidade de fala como matriz de repertórios de códigos, ou estilos de fala (organização da diversidade).
7. Conceitos fundamentais tomados como tácitos ou postulados arbitrariamente.	Conceitos fundamentais problematizados e investigados.

A precisão analítica dos estruturalistas era confrontada, contudo, com outra corrente linguística que se desenvolvia paralelamente: a da Dialetologia, ou geografia linguística, iniciada pelo suíço Jules Gilliéron [1854-1926], o qual se dedicou, de início, à descrição do dialeto de Vionnaz (1879) e, anos depois, ao *Atlas Linguístico da França*, a que se seguiram atlas dialetológicos de outros países (cf. Mattoso Câmara, 1979). Os estudos de dialetologia, na Europa, voltados principalmente para o levantamento de características da fala de comunidades isoladas e remotas, valorizavam a sua cultura *folk* e usavam o método de inquérito, isto é, perguntavam às pessoas, de preferência homens velhos e não escolarizados, residentes no local, como denominavam algo, recolhendo assim informações lexicais e fonológicas que depois serviam de base para a construção de mapas dialetais, cujas fronteiras eram denominadas isoglossas.[8] Já o projeto do *Atlas Linguístico dos Estados Unidos e Canadá*, proposto por Kurath [1891-1992], inovou em relação a essa metodologia tradicional, a começar pela seleção dos informantes com três níveis de educação formal, visando, assim, incluir indivíduos de diversos estratos sociais.[9]

Os dados obtidos nas pesquisas dialetológicas contrastavam com os dados produzidos pelos estudos descritivos estruturalistas, pois os primeiros refletiam a heterogeneidade regional, que é própria de qualquer comunidade real de fala. Já os segundos tinham como pressuposto a homogeneidade da língua, como postulada por Saussure. Parecia, então, que aos primeiros faltavam a organização e a simetria estruturais que, de fato, são consequências do artifício metodológico que consiste na postulação de um sistema linguístico homogêneo, no qual todo elemento se definia por oposição a outros elementos, seja na dimensão paradigmática, seja na dimensão sintagmática. Esse contraste vai ser crucial no desenvolvimento da Sociolinguística a partir de meados do século XX, como veremos nos próximos capítulos. A Sociolinguística vai procurar imprimir à pesquisa dialetológica o mesmo caráter estruturalista da pesquisa linguística hegemônica.

Os pioneiros da Sociolinguística, nos Estados Unidos, eram linguistas com formação estruturalista, mas sofreram também o influxo dos dialetólogos, principalmente porque um dos principais nomes desse grupo, William Labov, teve como mentor Uriel Weinreich [1926-1967], de formação dialetológica, que se tornou conhecido especialmente pelo relevante livro *Línguas em contato*, de 1953, no qual ele introduz o conceito de interlíngua. Weinreich, por sua vez, havia sido discípulo de André Martinet, renomado estruturalista francês. A Sociolinguística americana vai-se haurir, pois, nessas duas fontes.

Em 1968, Weinreich, Labov e Herzog publicaram o livro *Fundamentos empíricos para uma teoria da mudança linguística*, já traduzido para o português. Nessa obra, criticam o conceito de língua, como proposto por Saussure, primeiro porque, segundo os autores, esse não restou bem caracterizado como um fato social. Em segundo lugar, por ter Saussure estabelecido a completa homogeneidade do código linguístico como pré-condição para a análise da língua. Weinreich e seus dois discípulos completam a crítica, argumentando em favor da natureza motivada e ordenada da heterogeneidade linguística, que eles explicam assim: "Desvios do sistema homogêneo não são erros ou extravagâncias a serem atribuídas ao desempenho (ou performance), mas estão codificadas e são parte de uma descrição realista da competência da comunidade de fala" (Weinreich et al., 1968: 121, apud Figueroa, 1994: 78).

Os autores afirmam ainda que, em uma comunidade real de fala, o que deveria ser considerado estranho seria a ausência da heterogeneidade estruturada, pois, para eles, o domínio que um falante nativo tem das estruturas heterogêneas não deve ser considerado uma questão de multidialetalismo ou mera performance, mas como parte da competência linguística monolíngue do falante.

Esses postulados contêm, de fato, a essência da teoria sociolinguística variacionista, também referida como laboviana, que veio a firmar-se como o principal ramo da Sociolinguística, inclusive no Brasil.

O trabalho de William Labov e de seus colegas e seguidores representa uma síntese entre a língua e a fala, saussureanas, bem como entre a competência e o desempenho da teoria de Noam Chomsky, à medida que enfatiza a gramaticalidade dos enunciados até então considerados próprios da província da fala ou da performance. Labov também admite o vínculo entre os estudos de variação e os de dialetologia, mas descarta o método de inquérito, pelo qual o informante responde ao investigador, com base em seu juízo referente ao uso de palavras e expressões. Para o autor, os dados de sua dialetologia urbana devem provir não de perguntas de um inquérito dialetológico, mas do exaustivo trabalho empírico de gravação de falas espontâneas. Quanto menos atenção os falantes prestarem ao seu discurso, mais próximo estarão de seu vernáculo, e mais confiáveis serão os dados recolhidos pelo investigador.

A Sociolinguística laboviana é também conhecida como correlacional, por admitir que o contexto social e a fala são duas entidades distintas que podem ser correlacionadas. A explicação estrutural para os fenômenos heterogêneos do comportamento linguístico é investigada, na Sociolinguística correlacional, por meio da correlação estatística entre esses fenômenos não categóricos, isto é, que variam de um enunciado para outro, de um falante para outro, ou até de um estilo para outro no repertório do mesmo falante, com entidades linguísticas e sociais. Os fenômenos heterogêneos a serem correlacionados podem ser de natureza fonológica, morfológica, sintática e até discursiva. Em outras palavras, a correlação pode-se dar entre essas regras variáveis com: 1. Fatos linguísticos a elas associados, como o contexto em que ocorrem, no âmbito da frase ou do texto; 2. Fatos não linguísticos, quase sempre de natureza demográfica, que caracterizam o falante, tais como estrato socioeconômico, nível de escolaridade, gênero, faixa etária, proveniência regional etc., ou ainda 3. Com dimensões processuais na interação, como grau de atenção, formalidade, deferência etc.

No próximo capítulo vamos examinar regras variáveis correlacionadas a fatores linguísticos e não linguísticos que as podem explicar. Antes, porém, vamos discutir sucintamente dois trabalhos pioneiros de William Labov, em Martha's Vineyard e em Nova York.

O estudo de William Labov em Martha's Vineyard é muito representativo da transição entre a dialetologia geográfica e a Sociolinguística variacionista urbana. Foi feito como tese de mestrado na Universidade de Colúmbia, em 1962, com o título *The social history of sound change on the island of Martha's Vineyard*, sob a orientação do professor Uriel Weinreich.

Martha's Vineyard é uma ilha no litoral do estado de Massachussets, que à época tinha pouco mais de 5 mil habitantes. No entanto, é um elegante local de veraneio e recebia, e provavelmente ainda recebe, mais de 40 mil turistas durante os meses de verão.

Antes de se dirigir à ilha para o seu trabalho, o pesquisador constatou na literatura dialetológica de Kurath e associados, a que já me referi, que a região era uma área de relíquia de arcaísmos seiscentistas. Ele próprio, em 1962, descreve assim o objetivo de seu trabalho: "Nosso desejo é entender a estrutura interna do inglês vineyardense, incluindo as diferenças sistemáticas que já existem e as mudanças que estão ocorrendo agora na ilha" (Labov, 2008: 25). Vê-se, nessa citação a afiliação do autor aos postulados da pesquisa sociolinguística, em cuja implantação ele estava trabalhando.

Como preparação de seu trabalho, levantou também as características demográficas da ilha, habitada por quatro grupos étnicos, bastante endógamos, e a sua distribuição geográfica: descendentes das famílias colonizadoras inglesas, que se estabeleceram ali nos séculos XVII e XVIII; descendentes de migrantes portugueses, oriundos dos Açores, de Madeira e de Cabo Verde; remanescentes da etnia de nativos americanos indígenas de Gay Head; e um quarto grupo de ascendência variada.

A ecologia linguística da ilha, já àquela altura, descrita nos trabalhos de dialetologia, é marcada por diversas variáveis, como a pronúncia do /r/ de final de sílaba, o que contrasta com as regiões vizinhas marcadas pela ausência desse segmento. Mas o pesquisador optou por estudar a produção dos ditongos /ay/ e /aw/, como nas palavras "*right*", "*pie*", "*life*", "*backhouse*", que entre os habitantes da ilha é marcada pela centralização do primeiro segmento, o /a/, pronunciado como um /ɑ/ ou mesmo um /ə/.

A metodologia de coleta de dados consistiu em entrevistas direcionadas de modo a propiciarem uma rica coleta de palavras com os ditongos que se queria estudar. Foi também solicitado na escola secundária que os alunos lessem em voz alta um texto narrativo de 200 palavras sobre um tema de seu interesse. A gravação dessas leituras geraram medições espectrográficas, que permitiram comparações mais precisas entre falantes. Além desses dados, a pesquisa incluiu também observações espontâneas nas ruas e em outros ambientes informais. Ao todo, 69 residentes foram gravados, em 3 períodos: agosto de 1961; setembro e outubro do mesmo ano; e janeiro de 1962. Os residentes que foram gravados eram provenientes de todas as áreas residenciais da ilha. Os grupos ocupacionais mais relevantes na amostra são 14 indivíduos ocupados na pesca, 8 na agricultura, 6 na construção, 18 em serviços (especialmente turismo), 3 profissionais liberais, 5 donas de casa e 14 estudantes. Os 3 principais grupos étnicos estavam representados: 42 descendentes de ingleses, 16 de portugueses e 9 de índios.

O *corpus* de dados para a análise consistiu de 3.500 ocorrências do ditongo /ay/ e 1.500 ocorrências do ditongo /aw/. Como o pesquisador dispunha de recursos para análise acústica, foram feitos 80 espectrogramas acústicos de /ay/ gravados por 7 residentes.[10]

Como vimos, a análise variacionista contempla variáveis linguísticas e não linguísticas, também denominadas fatores, na busca da motivação para o uso da regra variável. No exemplo que estamos discutindo, foi considerada a influência da consoante subsequente ao ditongo. A análise mostrou que consoantes líquidas, nasais, sonoras, velares e fricativas não favoreciam a centralização do /a/ do ditongo, enquanto as obstruintes, orais, surdas apicais e oclusivas eram fatores favorecedores (cf. Labov, 2008: 39).

Além desse fator, foram considerados também fatores prosódicos – ou suprassegmentais, a tonicidade favoreceu a centralização para alguns falantes, cujos dados foram submetidos também a uma análise qualitativa. Esse resultado contrariava resultados de pesquisas anteriores, o que, naturalmente, exigiu novas análises com base nos resultados acústicos.

Um fator muito relevante em estudos variacionistas é a gama de estilos no repertório dos falantes, mas a pesquisa em Martha's Vineyard não indicou influência estilística na frequência da regra variável em questão. O autor atribui isso ao fato de serem os ilhéus falantes de estilo único. Pessoalmente acho a explicação pouco convincente e prefiro atribuir a limitações metodológicas a ausência de variação estilística no repertório dos informantes. Muitos estudos posteriores têm mostrado que o grau de formalidade, que varia de acordo com os estilos – ou registros – de qualquer falante, é condição importante na análise da variação (cf. Bell, 1984). Voltarei a essa questão oportunamente.

O estudo contemplou ainda uma distribuição por idade e por tempo na análise dos dados. Era importante saber se os resultados apontavam para uma mudança histórica ou se seriam mera evidência de padrões típicos dos diversos grupos etários. No primeiro caso, diferenças entre grupos etários podem ser tomadas como evidência no tempo aparente de mudança em curso.

Antes de passarmos às conclusões mais importantes do estudo em Martha's Vineyard, duas observações se impõem. A primeira é a crítica que o autor faz a uma posição defendida por Bloomfield [1887-1949], considerado o fundador da Linguística Estrutural norte-americana. Para Boomfield, o processo de mudança linguística não era passível de observação direta. Weinreich põe em dúvida essa posição estruturalista.

Temos aí um exemplo de como a Sociolinguística apoia-se no modelo descritivista anterior, representando, contudo, um avanço em relação a ele. No próximo capítulo, voltarei com mais detalhes à questão da mudança linguística nas etapas cronológicas de uma língua.

Outra observação refere-se ao que Labov chamou de considerações lexicais, ao observar que algumas palavras eram objeto de mais centralização do que seria de se esperar, considerando os fatores postulados. Essa observação vai conduzir, no desenvolvimento do modelo variacionista, à hipótese de difusão lexical, ou seja, uma mudança linguística evolui pelo 'contágio' de uma palavra com outra, a qual se opõe à chamada hipótese neogramática da mudança linguística (cf. Oliveira, 1991; Labov, 1981).

O estudo em Martha's Vineyard mostrou uma mudança linguística em curso. No caso do ditongo /ay/, houve aumento de centralização em relação os dados anteriores, provindos dos Atlas Linguísticos. Quanto à centralização do ditongo /aw/, foi considerada um fenômeno novo no inglês usado na ilha, ao qual William Labov deu uma explicação de natureza psicossocial. Apoiado em dados qualitativos, provenientes de depoimentos de seus colaboradores, ele interpretou a mudança linguística como uma reação dos moradores tradicionais, especialmente dos residentes nas áreas rurais, que se consideram típicos velhos ianques, à invasão da ilha pelos veranistas. A população local luta para manter sua identidade, enfatizando suas diferenças em relação aos habitantes do continente. Entre os jovens estudantes, a maior centralização foi observada na fala dos que pretendem continuar na ilha.

Em relação aos grupos étnicos que compuseram a amostra, observou-se que a maior preocupação dos descendentes de portugueses não é resistir aos veranistas, mas afirmar seu *status* como vineyardenses nativos, o que os leva a aderir às características do inglês local. Também os remanescentes indígenas buscam aproximar-se do falar local, como forma de sua plena integração. O autor explica, assim, a complexidade na distribuição do aumento do uso de ditongos centralizados na ilha: "Grupos diferentes têm de responder a desafios diferentes a seu *status* nativo. E nas duas últimas gerações, os desafios se tornaram mais aguçados por causa das duras pressões econômicas e sociais" (Labov, 2008: 57). Em conclusão, podemos dizer que, ao captar uma mudança linguística em curso na localidade, apoiando-se em dados quantitativos e qualitativos, o autor também nos dá um depoimento sobre a complexidade da correlação entre fenômenos linguísticos em processo de variação e mudança e fenômenos sociais e psicossociais.

A implementação de uma variável sociolinguística funcionando como um indicador de pertinência a um local, ou de identidade com um grupo social, como é o caso da centralização dos ditongos em Martha's Vineyard, pode ocorrer em qualquer comunidade de fala. Vejamos um exemplo: sou natural de uma cidade no sul do estado de Minas Gerais, São Lourenço. Trata-se de um centro de turismo que atrai as pessoas em busca do benefício de suas águas minerais. Na comunidade, uma categoria êmica[11] de muita vitalidade é a distinção entre os moradores locais e os veranistas, como são chamados os turistas que para lá acorrem. Hoje em dia eles provêm de muitos estados, mas ao início eram provenientes, principalmente, do Rio de Janeiro. O falar local em São Lourenço preserva traços difundidos pelo bandeirantismo paulista, presentes no interior do Brasil, especialmente em certas regiões de Minas Gerais e Goiás. Um desses traços, e talvez o mais relevante, é o chamado /r/ pós-vocálico retroflexo [ɻ], pronunciado com a língua recuada, que contrasta muito com o /r/ pós-vocálico velar do Rio de Janeiro [x]. Quando um morador local realizava o /r/ velar em sua fala ou o arquifonema /S/ como uma chiante, à moda do Rio de Janeiro, e não como uma sibilante, os outros o criticavam dizendo "está falando carioca". "Falar carioca" era uma pecha grave porque interpretado como uma traição à identidade local.

Logo após ter concluído o estudo pioneiro em Martha's Vineyard, William Labov envolve-se, juntamente com colegas, no estudo "The social stratification of English in New York City", que representava um desafio de fazer levantamentos linguísticos no coração de uma grande metrópole. A base principal para o estudo foram 80 entrevistas individuais e observações anônimas, conduzidas no Lower East Side (Baixo Lado Leste), que durante muito tempo foi local de residência de imigrantes vindos da Europa oriental (cf. Labov, 2008).

Esse estudo piloto mostrou que o emprego do fonema /r/ em final de sílaba era um traço variável e marca de prestígio, com forte valor sociossimbólico. Para testar essa hipótese, o autor optou por fazer entrevistas rápidas com vendedores de três grandes lojas de departamento: a Saks, loja sofisticada que atende à clientela de luxo, residente em suas cercanias; a Macy's, de prestígio mediano, e a S. Klein, de *status* inferior, não muito longe do Lower East Side. A metodologia consistiu em entrar nas lojas, como cliente, e perguntar onde poderia encontrar itens que o pesquisador sabia que eram vendidos no quarto andar (*fourth floor*). Após a primeira resposta dos vendedores, ele solicitava uma confirmação, obtendo, assim, dados mais espontâneos e dados mais assertivos da pronúncia de "*fourth floor*". Foram conduzidos 68 diálogos na Saks, 125 na Macy's e 71 na Kleins. Os resultados confirmaram a hipótese inicial. Quanto mais elegante a loja, mais seus vendedores usavam a marca linguística de prestígio, ou seja, o /r/ em posição de final de sílaba. Além disso, ficou consignada a diferença entre uma resposta casual e uma resposta enfática. Esse estudo mostrou como os sociolinguistas se podem valer de recursos engenhosos e não invasivos para proceder aos seus levantamentos.

Ao se deter nos fenômenos da língua que não são categóricos, ou seja, que apresentam-se em variação, a Sociolinguística Variacionista identifica aqueles cuja variação é considerada instável, porque as diversas variantes da regra assumem valores sociossimbólicos distintos na comunidade, ou seja, algumas variantes são mais prestigiadas que outras. Nesses casos, entre as variantes que estão em competição, algumas acabam por prevalecer enquanto outras tendem a desaparecer. É assim que se dá a mudança linguística.

Labov (2008) admite que os linguistas formam dois grupos em relação ao estudo das mudanças linguísticas. Há os que se atêm apenas a fatores internos, estruturais ou psicológicos, e há os que consideram os fatores sociais. Entre esses estão os sociolinguistas. E, para trabalhar a mudança na perspectiva sociolinguística, Labov (2008: 326) constrói a seguinte teoria:

> Podemos identificar pelo menos cinco problemas diferentes relacionados à explicação da mudança linguística (Weinreich, Labov & Herzog 1968 [tradução para o português, 2006], mas nem todos eles estão relacionados ao quadro social da mudança. Os *condicionamentos* universais sobre a mudança linguística são, por definição, independentes de qualquer comunidade particular. A questão de identificar a *transição* entre dois estágios quaisquer da mudança linguística é um problema linguístico interno. O problema do *encaixamento* tem dois aspectos: a mudança é vista como encaixada numa matriz de outras mudanças (ou constantes) linguísticas, e também como encaixada num complexo social, correlacionada com mudanças sociais. Existe também um comportamento social no problema da *avaliação*[12] – mostrar como os membros da comunidade de fala reagem à mudança em progresso e descobrir que informação expressiva as variantes veiculam. Por fim, podemos esperar que haja fatores sociais profundamente implicados no problema da *implementação*: por que a mudança ocorreu num tempo e lugar particulares e não entre outros.

Evani Viotti (2013: 157) examina o estatuto de mudança linguística à luz da Teoria Gerativa e da Sociolinguística Variacionista e propõe analisá-la pelo prisma da língua como um sistema complexo, dinâmico e adaptativo, como segue: Nesse prisma a mudança linguística é constante e perene. "Ela muda por necessidade, para equilibrar-se no topo do arco da complexidade."

O entendimento da língua como um sistema complexo, dinâmico e adaptativo torna a distinção entre mudanças motivada por fatores externos ou internos irrelevantes de um ponto de vista linguístico. Toda mudança linguística tem origem no contato entre idioletos, na construção de atos comunicativos entre falantes e nas acomodações que se fazem nos idioletos para aumentar a compreensão mútua entre os participantes da interação. (Viotti, 2013: 158)

A mudança linguística pode dar-se em qualquer nível, na fonologia, na morfossintaxe, no léxico etc. É justamente no léxico que ela se torna mais perceptível pelos usuários. Um bom exemplo são as gírias. As gírias são itens lexicais informais, efêmeros no tempo e, pelo menos no início, circunscritos a grupos sociais, como, por exemplo, um grupo de jovens surfistas, colunistas sociais, bandidos e presidiários, escolares etc. Para ilustrar esse fenômeno, vamos transcrever dois conjuntos de gírias. O primeiro são gírias antigas, usadas no Rio de Janeiro, e coletadas por Oduvaldo Viana Filho, para a peça teatral *Rasga Coração*. O segundo conjunto é formado por gírias contemporâneas, do repertório de jovens em Brasília. Passemos ao glossário de Viana Filho, com transcrição parcial:

> V-8: calcinha de mulher, bunda; sesquipedar: extraordinário; povo ré: gente valente; arriar a trouxa: pedir trégua; você comigo é nove no baralho velho: não tem valor; acender a lenha: espancar; bum-barabum: barulheira; ronca: bordoada grossa, castigo; fritar: armar confusão; purgativa preta: motim, revolta; descocar: perder o juízo; horizontais: prostitutas; futurista: pessoa extravagante, cheia de novidades; madraco: preguiçoso; Chico puxado: baile; garapa: fácil; estar nas tintas: bem arrumado, atualizado; carranca: pessoa apegada ao passado; tem boi na linha: dificuldade; patureba: tipo, indivíduo; pomboca: genitais femininos; barriga: embuste,

logro; turna: forte, valentão, poderoso; um ipsilone: uma coisa a mais; casquinha: sujeito que se aproveita da situação; embrulho: mentira; comer bacalhau: apanhar, sofrer açoite; deixar correr o marfim: deixar as coisas acontecerem; bater o 31 ou fazer tijolo: morrer.

Algumas dessas gírias antigas ainda são compreensíveis hoje em dia. Outras desapareceram ou talvez só sejam do conhecimento de pessoas muito idosas, residentes no Rio de Janeiro.

O segundo inventário de gírias, usadas no Distrito Federal, foi divulgado pelo jornal *Correio Braziliense* de 5 de outubro de 2013, que as dividiu em três grupos:

1. Gírias e expressões novas entre os jovens: se pley: coisa boa; se pá: talvez; recalque: inveja; tô gudi: estar numa boa, ou bonito; mandar a real: falar a verdade; novela: novidade; serião: algo muito importante; só que claro: mais óbvio ainda.
2. Gírias que se mantêm: véi: vocativo; chega aí: chamamento; tô ligado: entendi; que caô: mentira; trolar: enganar; zoar; brincar; de rocha: concordar; bolado: chateado, preocupado; dar o perdido: sair escondido; dar um teco: dar um pedaço de alguma coisa.
3. Gírias fora de moda: resenha: algo muito bom; tô de brinks: estou de brincadeira; upgrade: melhorar; de boa na lagoa: tudo bem; dar o f5: atualizar.

Não dispomos de estudos que mostrem se essas gírias coletadas em Brasília surgiram na cidade ou foram transplantadas de outras regiões, o que é bastante viável, considerando que a população de Brasília viaja muito, já que tem parentes que vivem em outras cidades.

Esses pequenos inventários nos ajudam a entender que a gíria é efêmera e localizada. Às vezes, se perpetua e passa a ser dicionarizada como neologismo. Mais comumente, ela simplesmente desaparece. A gíria pode também ultrapassar os limites do grupo social ou da região originais. A mídia audiovisual, especialmente o rádio e a televisão, são grandes difusores de gírias.

Neste capítulo, discuti a emergência da Sociolinguística, centrada nos pressupostos de heterogeneidade inerente e sistemática, considerando-a caudatária da tradição estruturalista descritivista desde a postulação do conceito de fonema. Foi reproduzido um quadro de Dell Hymes (1974), no qual se comparam os modelos estruturalista e funcionalista nos estudos da linguagem humana. Foi também discutido o surgimento da Dialetologia ou Geografia Linguística, bem como as etapas pioneiras da Sociolinguística nos Estados Unidos em torno de Weinreich e William Labov, pesquisadores que elegeram como área principal de estudo a variação e mudança linguística. Foi apresentado ainda o modelo analítico da Sociolinguística Correlacional, mencionando-se as entidades linguísticas e sociodemográficas que nessa análise podem funcionar como variáveis independentes, favorecedoras ou inibidoras da variação de fenômenos linguísticos variáveis que, no paradigma analítico, são as variáveis dependentes. Para ilustrar a metodologia de coleta e análise de dados desse modelo correlacional, apresentou-se uma breve resenha da pesquisa feita por William Labov em Martha's Vineyard em 1962, fazendo-se ainda uma sucinta referência à hipótese de difusão lexical.

Outro estudo de Labov resenhado foi o conduzido no *Lower East Side* em Nova York, concluindo-se com uma citação de William Labov (2008), baseado em Weinreich, Labov e Herzog (2006/1968) sobre mudança linguística. Em contraponto a essa teoria, o leitor é remetido à proposta de Viotti (2013) sobre o mesmo tema. Para ilustrar a questão da mudança linguística, o capítulo traz ao final um pequeno inventário de gírias antigas e contemporâneas.

Exercícios

Questão 01

Grave um mesmo falante nativo do português do Brasil fazendo uma exposição oral em um evento de fala razoavelmente formal e em uma conversa informal com um amigo. Observe as ocorrências do fonema /r/ em posição de coda silábica (posição pós-vocálica), em final de palavra. Conte as ocorrências totais do /r/ e a supressão desse fonema nos dois eventos de fala e preencha um quadro, como a seguir. Nesse quadro estão sendo considerados as seguintes variáveis independentes ou fatores:

1. Formalidade do evento de fala (dois níveis):
   a. Exposição oral formal
   b. Conversa informal
2. Classe morfológica da palavra terminada em /r/:
   a. Formas verbais (infinitivo e futuro do subjuntivo)
   b. Formas nominais
3. Número de sílabas da palavra terminada em /r/:
   a. Palavras polissilábicas
   b. Palavras monossilábicas

O quadro foi elaborado com base nas seguintes hipóteses demonstradas em pesquisas anteriores sobre o fenômeno (cf. Da Hora e Pedrosa, 2008, *inter alia*):

1. (formalidade) – Haverá mais supressão do /r/ na conversa informal do que no discurso formal;
2. (classe morfológica) – Haverá mais supressão do /r/ nas formas verbais do que nas formas nominais;

3. (número de sílabas) – Haverá mais supressão do /r/ em palavras polissilábicas do que em palavras monossilábicas.

Depois de preenchido o quadro, faça os seguintes cálculos:

- Hipótese 1 – Some todas as ocorrências de /r/ > /Ø/ em cada tipo de evento e divida pelo número total de ocorrências realizadas ou suprimidas naquele evento. Compare os dois resultados;
- Hipótese 2 – Some todas as ocorrências de /r/ > /Ø/ em verbos e divida pelo número total de ocorrências realizadas ou suprimidas em verbos. Some todas as ocorrências de /r/ > /Ø/ em nomes e divida pelo número total de ocorrências realizadas ou suprimidas em nomes. Compare os dois resultados;
- Hipótese 3 – Some todas as ocorrências de /r/ > /Ø/ em monossílabos e divida pelo número total de ocorrências realizadas ou suprimidas em monossílabos. Some todas as ocorrências de /r/ > /Ø/ em polissílabos e divida pelo número total de ocorrências realizadas ou suprimidas em polissílabos. Compare seus resultados para cada nível das variáveis independentes ou fatores e verifique se sua hipótese se confirmou para aquele fator.

Discuta seus resultados com seu professor ou com um professor de Estatística, que poderá indicar-lhe alguns testes estatísticos mais refinados na análise de cada hipótese.

Ocorrência de /r/ ou de (Ø) em coda silábica final no discurso formal e informal

	Discurso formal				Discurso informal			
	Verbos		Nomes		Verbos		Nomes	
	poli	mono	poli	mono	poli	mono	poli	mono
/r/								
Ø								
Total								
Total								
Total								

A herança da Linguística Estruturalista: o tratamento da variação linguística

Para Uriel Weinreich [1926-1967] e seus colaboradores e seguidores, entre os quais cabe especial menção a William Labov, a heterogeneidade linguística está presente em qualquer comunidade de fala; é inerente e sistemática, como já vimos. Neste capítulo vamo-nos deter no tratamento da variação, que emergiu dessa nova visão dos fatos linguísticos. Um dos principais postulados que lhe servem de base teórica é o reconhecimento de que Bloomfield estava correto quando admitiu que alguns enunciados se equivalem. De fato, a variação sistemática é considerada maneiras alternativas de se dizer a mesma coisa. Essa afirmação requer, contudo, algumas considerações, nas quais nos deteremos nos próximos parágrafos.

Dois enunciados só são equivalentes, ou seja, são formas alternativas de dizer a mesma coisa, se levarmos em conta tão somente a função referencial da linguagem. No capítulo anterior, vimos, no quadro proposto por Dell Hymes, que a Linguística estruturalista ocupava-se prioritariamente com essa função da linguagem. Ao acatar Bloomfield nesse particular, a Sociolinguística laboviana ratifica essa postura, mas o próprio Labov (1975) recomenda que o estilo expressivo e a força interativa podem ser problematizados quando se considera que dois enunciados dizem a mesma coisa.

As formas que supostamente transmitem o mesmo conteúdo semântico, expresso com recursos linguísticos distintos, vão caracterizar regras variáveis, e suas alternativas são denominadas variantes. Por exemplo, as formas "nós fomo", "nós fomos", "nós foi" e "nós fumu" são quatro variantes da mesma forma verbal, no português do Brasil.

Na análise sociolinguística variacionista, a ocorrência de cada uma das variantes é levantada e correlacionada com os fatores que favorecem ou inibem essa ocorrência. Labov (1972b: 94) explica assim esse princípio analítico:

> Qualquer forma variável (um membro de um conjunto de formas alternativas de "dizer a mesma coisa") deve ser reportada com a proporção de casos em que a forma ocorreu no ambiente relevante, comparada ao número total de casos em que ela poderia ter ocorrido.[13]

Quando um pesquisador escolhe uma regra para análise, leva em conta várias condições, como a frequência daquela regra na comunidade e, principalmente, a sua relevância sociossimbólica, ou seja, é preciso identificar regras que sejam indicadores de estratificação social ou etnicidade e/ou marcadores de variação estilística. Muitas vezes, a correlação é complexa, como revelou o estudo em Martha's Vineyard. Além disso, é preciso examinar cada uma das variantes da regra. No caso de uma variante nova que entrou no repertório da comunidade de fala, deve-se tentar identificar quando se deu essa entrada. É importante saber também em que grupo étnico ou social determinada variante teve início. Se a variante surgiu em grupos etários mais jovens, por exemplo, ela pode adquirir prestígio, em sociedades que valorizam a cultura dos jovens, como é o caso da cultura brasileira. Da mesma forma, se a origem da variante está associada a grupos sociais de prestígio, ela vai carregar esse prestígio. Alternativamente, se ela é oriunda de grupos estigmatizados, manterá esse caráter. O mais comum, nas regras variáveis em línguas usadas em comunidades urbanas e tecnológicas, é que uma regra variável se constitua de variantes próprias da variedade padronizada da língua e variantes de caráter popular, sem prestígio.

A essa altura, convém perguntar: como se constitui uma variedade padronizada, detentora de prestígio, e como ela se coloca no repertório de uma comunidade, em relação às demais variedades de pouco ou nenhum prestígio?[14]

A maioria dos países contemporâneos, monolíngues ou multilíngues, no decorrer de sua história, mais propriamente na Idade Moderna, vivenciou a formação de uma variedade padrão. Dittmar (1976: 107) fornece a seguinte definição para esse conceito:

> Variedade padrão é aquela variedade de uma comunidade de fala que é legitimada e institucionalizada como um método suprarregional de comunicação, como resultado de várias circunstâncias sociopolíticas, relacionadas à detenção do poder, no processo histórico.

Na mesma obra, o autor busca na literatura sociolinguística as funções de uma língua padrão: 1) a função unificadora, que confere a todos os falantes uma pertinência à comunidade de fala; 2) a separatista, que separa as comunidades de fala, principalmente em regiões fronteiriças; e 3) a de prestígio. Esta última fornece um quadro de referência aos falantes. O tema já foi abordado no capítulo "As línguas no mundo".

O processo de padronização, conduzido geralmente pelos governos nacionais, vai implicar a elaboração de gramáticas e dicionários, a definição de regras de ortografia e de ortoepia e a criação de academias de belas letras. Em países da Europa ocidental, pode-se facilmente traçar a linha histórica que culminou com a emergência de uma variedade – ou dialeto – de prestígio, de natureza suprarregional, a partir da constituição de um governo unificado, após a Idade Média. Na França, o francês padrão foi baseado na variedade falada na corte real, em Paris. Na Espanha, teve como base o castelhano, após a unificação dos reinos de Aragão e Castela, no século XV, quando se deu a expulsão dos mouros e a descoberta da América, promovida pelos reis católicos, que financiaram a esquadra de Cristóvão Colombo.

Em outros países europeus, variam as circunstâncias da formação de uma língua padrão. Na Itália, a padronização de um código suprarregional, que no caso foi baseado no falar toscano, é mais tardia, e na Noruega, foram constituídas duas variedades padrão, como está descrito em Blom e Gumperz (2002/1972). Para informações mais amplas sobre a emergência das normas padrão nacionais, veja-se Fasold (1984). No caso específico da formação da norma culta brasileira, recomendamos a leitura de Faraco (2008).

Nas comunidades nacionais de fala, a norma-padrão institucionalizada geralmente mantém uma relação de diglossia – conceito avançado por Ferguson [1921-1998] em 1959 – com as demais variedades, isto é, há uma distribuição funcional das tarefas comunicativas entre as variedades, cada uma delas voltada para determinadas funções, tais como: liturgia religiosa, burocracia estatal, letras de música, poesia, mídia jornalística etc.

Considerando-se essas relações diglóssicas, a língua padrão tem sido definida como associada a contexto ou associada a classe (cf. Giles e Powesland, 1975). É associada a contexto em países mais avançados, como os europeus nórdicos, cujo repertório linguístico não varia muito nos diversos estratos sociais, ou seja, todos os cidadãos têm acesso à escolarização universal e, consequentemente, à variedade padrão suprarregional, bem como a variedades regionais e locais. Dependendo da configuração da situação comunicativa, os falantes convergem para o padrão ou para variedades locais (cf. Blom e Gumperz (2002/1972).

Quando a língua padrão é associada a classe social, torna-se símbolo de *status*. As classes sociais que detêm prestígio e poder têm amplo acesso a ela; as classes inferiores na pirâmide social aspiram ao domínio dessa norma padronizada, que vão aprender na escola. O processo é paralelo ao de sua mobilidade social ascendente. Essa questão é retomada em diversos capítulos, especialmente no capítulo "A herança da Antropologia cultural 2: redes sociais e identidade".

Mesmo em países industrializados, pode-se encontrar a situação da língua padrão associada a classe, como Einar Haugen [1906-1994] (2001/1966) demonstra em relação aos Estados Unidos. É também paradigmática a variação decorrente de *status* socioeconômico na Inglaterra, como será demonstrado em episódios de mudança de código no texto literário de D. H. Lawrence (1989), "O amante de Lady Chatterley".

Outra obra literária que deixa bem evidente a variação linguística associada a classe social na cidade de Londres é a peça teatral *Pigmaleão*, de George Bernard Shaw [1856-1950] (2005), adaptada para o cinema com o nome de *My fair lady*. A peça, traduzida para o português por Millôr Fernandes [1923-2012] em 1995, conta a história de Eliza Doolittle, uma vendedora de flores de rua cujo falar, o *cockney*, refletia sua rede social formada por feirantes e outros indivíduos pobres e sem escolaridade na zona leste londrina. Um aristocrata e foneticista diletante assume um compromisso de mudar os traços fonéticos e lexicais na fala de Eliza, com a intenção de transformá-la em uma "*lady*".

Uma dificuldade enfrentada pelo tradutor, Millôr Fernandes, foi representar em português as características do *cockney*, *vis-à-vis* a norma-padrão. Vejamos um pequeno trecho da fala da moça no qual se percebem traços não padrão do português, mas também algumas criações do tradutor: "Eu num to pidino rôpa de ninguém. Num ia arceitá meismo. Vê lá si eu mi parsso" (p. 46).

Quando Portugal iniciou a colonização do Brasil, em 1549, com a construção da cidade de Salvador, o processo de padronização do português já estava em curso e foi trazido para o nosso país pela burocracia estatal e pelo clero da Igreja Católica. Passou a ser cultivado principalmente na capital, primeiro Salvador e depois Rio de Janeiro. Nesta última, teve um forte incentivo com a vinda da Corte portuguesa para o Brasil, em 1808.

Castilho (2010: 174), ao discutir a lusitanização do Brasil, que se deu mediante a ocupação do território nacional, faz menção a oito focos irradiadores, quase todos eles localizados no litoral brasileiro, que passamos a mencionar. Quatro focos no século XVI: São Vicente/São Paulo (1532, 1554), Olinda/Recife (1535), Salvador (1549), Rio de Janeiro (1557). Dois focos no século XVII: São Luís do Maranhão (1612) e Belém (1616); dois focos no século XVIII: Florianópolis (1738) e Porto Alegre (1752). A esses, desejo acrescentar três focos irradiadores do século XIX: Belo Horizonte (1897), Campo Grande (1899) e Teresina (1852); e ainda dois focos no século XX: Goiânia (1933) e Brasília (1960).

Há que se considerar também que em toda a história de nosso país, a maioria dos habitantes não descendia de europeus. Somente em meados do século XIX, os brasileiros que tinham o português como língua materna chegaram a aproximadamente metade da população. Ademais, a difusão da língua portuguesa e seu processo de padronização no Brasil dão-se paralelamente ao processo de urbanização.

> No processo de urbanização no Brasil – e no processo paralelo e coocorrente de padronização da língua – podem-se distinguir dois períodos. O primeiro não foi acompanhado por industrialização e teve início com as mudanças que ocorreram no Rio de Janeiro no começo do século XIX. Em 1822, quando o país tornou-se independente de Portugal, a cidade do Rio de Janeiro já exibia um tipo de estratificação

típico de comunidades urbanizadas e sua população havia adotado hábitos e costumes de sociedades burguesas. Essa tendência não atingiu São Paulo até cerca de trinta anos depois. Mas deve-se notar que, no caso de ambas as cidades, a adoção de um modo urbano de vida, que produziu no Brasil – uma profunda clivagem entre a cultura popular do interior e aquela cosmopolita das emergentes cidades litorâneas, precedeu em muitas décadas o desenvolvimento industrial do país. (Bortoni-Ricardo, 2011: 31-32)[15]

Nas cidades brasileiras, várias instituições podem ser referidas como promotoras da padronização linguística. Além do sistema escolar, que é uma instituição tardia no Brasil, cabe mencionar também os cartórios, a sede dos bispados nas dioceses, as lojas maçônicas, os fóruns do Poder Judiciário, sediados nas comarcas, e os quartéis, entre outros.

Nas vilas e pequenas cidades, emergiram falares regionais que, de fato, são resultado do contato de várias línguas no Brasil colonial, pois durante vários séculos o português era uma língua minoritária na Colônia. Tenho trabalhado a oposição rural-urbano no Brasil, postulando um contínuo de urbanização, complementado por um contínuo de oralidade e letramento.

> Em um dos polos do contínuo [de urbanização], estão as variedades rurais usadas pelas comunidades geograficamente mais isoladas. No polo oposto, estão as variedades urbanas que receberam a maior influência dos processos de padronização da língua. No espaço entre eles fica uma zona rurbana. Os grupos rurbanos são formados pelos migrantes de origem rural que preservam muito de seus antecedentes culturais, principalmente no seu repertório linguístico, e as comunidades interioranas residentes em distritos ou núcleos semirrurais, que estão submetidas à influência urbana, seja pela mídia, seja pela absorção de tecnologia agropecuária. (Bortoni-Ricardo, 2004: 52)

Voltemos agora ao postulado de que uma regra variável consiste de duas ou mais formas de se dizer a mesma coisa. É instrutivo lermos um fragmento do poema "Proclamação do amor antigramática" de Mário Lago [1911-2002], poeta e compositor carioca, a seguir:

> "Dá-me um beijo", ela me disse,
> E eu nunca mais voltei lá.
> Quem fala "dá-me" não ama,
> Quem ama fala "me dá"
> "Dá-me um beijo" é que é correto,
> É linguagem de doutor,
> Mas "me dá" tem mais afeto,
> Beijo me-dado é melhor.

Para o poeta, o enunciado "Me dá um beijo" é mais espontâneo e, consequentemente, mais fidedigno que a variante prevista na gramática normativa, "Dá-me um beijo". Portanto, não poderíamos considerar que os dois enunciados sejam formas alternativas de se dizer a mesma coisa. Para entendermos por que a observação intuitiva do poeta nos parece tão verdadeira, vamos nos socorrer de algumas noções avançadas pelos filósofos da linguagem, John Austin [1911-1960] e seu discípulo, John R. Searle. Austin foi o iniciador da teoria dos atos de fala. Em cada ato de fala, ele identifica três atos, o locucionário, constituído pela sequência sonora, que transmite um conteúdo proposicional; o ilocucionário, que é o ato que o indivíduo realiza ao proferir o primeiro; e o perlocucionário, que é o efeito que o enunciado tem no interlocutor. Leech (1983: 199) formaliza assim essas distinções:

- Locução: s (*speaker*) diz a h (*hearer*) que X (sendo X certas palavras portadoras de sentido e referência);
- Ilocução: ao dizer X, s afirma que P;
- Perlocução: ao dizer X, s convence h sobre P.

Levando em conta essa descrição muito sucinta, poderíamos fazer a seguinte observação. Nos enunciados candidatos a variantes, no poema de Mário Lago: a) "Me dá um beijo" e b) "Dá-me um beijo", e até mesmo, c) "Dê-me um beijo", que ele não citou, além das diferenças estruturais decorrentes da posição do pronome oblíquo átono e das formas verbais e, principalmente, do valor sociossimbólico atribuído a cada um deles, pela força prescritiva da gramática normativa, a força ilocucionária dos enunciados pode ser considerada a mesma. Contudo, a força perlocucionária não é a mesma, pois o efeito que cada um deles tem sobre o interlocutor é distinto.

De fato, na literatura sociolinguística, admite-se mais facilmente que duas variantes fonológicas possam ser semanticamente equivalentes. Em se tratando de variantes sintáticas, é muito difícil aceitar que dois enunciados diferentes sejam formas alternativas de se dizer a mesma coisa. Para além da função referencial, cada enunciado carrega um conjunto de características que vão distingui-lo de outro, que poderia ser considerado, à primeira vista, um enunciado sinônimo (cf. Lavandera, 1978).

No restante deste capítulo, vamos examinar duas regras variáveis muito produtivas no português do Brasil, uma delas fonológica, a elevação das vogais médias /e/ e /o/ em posição pretônica, e outra sintática, a ocorrência de pronome cópia, ou anáfora pronominal, em orações relativas, como em "O vizinho, que ele mudou faz pouco tempo pra cá, é médico pediatra".

A elevação das vogais médias /e/ e /o/ em posição pretônica é uma das regras variáveis mais estudadas no português do Brasil. Desde a primeira gramática da língua portuguesa de autoria de Fernão de Oliveira (1536), são citados exemplos de palavras em que ocorre a elevação dessas vogais, atribuída a um processo de harmonia vocálica, isto é, a vogal pretônica é assimilada em altura à vogal tônica alta seguinte. O primeiro estudo variacionista da regra foi o de Bisol (1981), que o tratou como um fenômeno de assimilação regressiva condicionado por múltiplos fatores, como veremos a seguir.

Com relação à pretônica /e/, os fatores favorecedores da elevação são a presença da vogal homorgânica /i/ na sílaba seguinte. A vogal não homorgânica /u/ tem influência menor. A pesquisadora aponta ainda, como fator favorecedor, a ocorrência de uma consoante velar anterior e uma consoante palatal seguinte. Com relação à pretônica /o/, ambas as vogais altas /i/ e /u/ nas sílabas seguintes favorecem a regra. Já os ambientes consonânticos favoráveis são um segmento alveolar contíguo e um segmento palatal precedente. A nasalidade da vogal tônica favorece a elevação do /e/ e inibe a elevação do /o/. Para mais informações sobre esse condicionamento acústico, cf. Bisol (1981) e Bortoni-Ricardo (2011).

Uma característica interessante dessa regra é que ela não está associada a valores sociossimbólicos positivos ou negativos, portanto não é marcadora de formalidade nos diversos estilos, ainda que a informalidade possivelmente favoreça a aplicação da regra. Em estilo mais monitorado, é possível que o falante preserve a realização média das vogais.

Outro fato que merece referência em relação à regra é que, nos falares do Nordeste, é registrada uma tendência ao abaixamento das duas vogais pretônicas realizadas, respectivamente, como /ɛ/ e /ɔ/.

Estudos de sociolinguística conduzidos na Universidade de Brasília têm-se voltado para a difusão e a focalização dos falares no Distrito Federal. O contato de dialetos regionais favorece a difusão de traços mais salientes desses dialetos, embora esses estudos já tenham demonstrado processos incipientes de focalização dialetal (cf. Bortoni-Ricardo, Vellasco e Freitas, 2010).[16]

Com o objetivo de testar esses processos de difusão dialetal, Cíntia Corrêa (1998) examinou as vogais médias e o /s/ pós-vocálico no repertório de 24 jovens candangos, isto é, nascidos no Distrito Federal, estratificando-os por local de residência e por grau de escolaridade, que nesse caso são os fatores não linguísticos de sua análise variacionista. Para local de residência, selecionou duas Regiões Administrativas que se distinguem quanto à renda média dos residentes: Brasília (incluindo Asa Norte e Asa Sul), com renda *per capita* mais alta, e Ceilândia, com renda per capita mais baixa. Quanto à escolaridade, considerou estudantes universitários e estudantes de Ensino Médio. Postulou também o gênero como um fator social, que provou não ser relevante. As tabelas a seguir resumem os resultados de sua pesquisa.

A análise baseou-se em 1.285 ocorrências das vogais pretônicas /e/ e /o/, mas foram excluídos os dados que tiveram realização categórica. Os dados foram obtidos de 24 entrevistas, 12 conduzidas com jovens nascidos e criados em Brasília e 12 conduzidas com jovens nascidos e criados em Ceilândia. As duas tabelas seguintes mostram os percentuais gerais das três variantes possíveis das vogais: como médias, elevadas ou abaixadas.

Percentagem na variação da pretônica /e/

Variantes	Percentuais
Média /e/	73%
Elevada /i/	24%
Abaixada /ɛ/	3%

Fonte: Corrêa, 1998.

Percentagem na variação da pretônica /o/

Variantes	Percentuais
Média /o/	79%
Elevada /u/	17%
Abaixada /ɔ/	4%

Fonte: Corrêa, 1998.

A tabela a seguir resume os resultados (ocorrências totais), considerando-se os fatores sociais da análise.

Variação das vogais pretônicas na fala de jovens brasilienses
(fatores sociais) – ocorrências totais

Fatores sociais	Vogais médias		Vogais elevadas		Vogais abaixadas	
	/e/	/o/	/i/	/u/	/ɛ/	/ɔ/
Residência						
Brasília	452	461	387	442	160	097
Ceilândia	200	147	234	154	565	700
Escolaridade						
Universitário	451	505	412	442	137	171
Ensino médio	185	181	203	282	611	536

Fonte: Corrêa, 1998.

Esses resultados mostram que, na jovem comunidade de fala brasiliense, a regra de elevação das pretônicas, encontrada em todo o território nacional, é mais produtiva que a regra de abaixamento dessas vogais, associada às comunidades de fala da região Nordeste, a partir do norte de Minas Gerais. É possível conjeturar que a variante elevada foi mais facilmente incorporada porque: 1) está presente em um número maior de variedades que entram em contato no espaço geográfico do Distrito Federal e 2) não está associada a valor sociossimbólico negativo. Já a variante abaixada tornou-se um estereótipo fora da região Nordeste.

Passemos agora a uma breve análise de uma regra variável que se realiza no âmbito da sintaxe da língua. Convido, porém, os leitores a lerem antes um trecho da letra de Lupicínio Rodrigues [1914-1974], compositor gaúcho, para a música "Foi assim".

Foi assim
Eu tinha alguém que comigo morava
Mas tinha um defeito que brigava
Embora com razão ou sem razão
Encontrei
Um dia uma pessoa diferente
Que me tratava carinhosamente
Dizendo resolver minha questão
Mas não
Foi assim
Troquei essa pessoa que eu morava
Por essa criatura que eu julgava
Pudesse compreender todo o meu eu
[...]

No verso "Troquei essa pessoa que eu morava", temos uma realização muito frequente da oração relativa, que exclui a preposição. Compare: "Troquei essa pessoa com quem eu morava" preconizada pela gramática normativa. Ou então. "Troquei essa pessoa com a qual eu morava". Bagno (2011: 900) diz o seguinte sobre as orações subordinadas adjetivas:

> Sentenças adjetivas são aquelas que contêm um pronome relativo. E é aqui que surge a pergunta fatídica: ainda existem pronomes relativos no português brasileiro [PB]? [...] Ao que parece, os pronomes relativos se reduziram no PB a um simples conector – que –, sem nenhuma propriedade pronominal (ou seja, sem propriedade anafórica), denominado pelos estudiosos de relativo universal. A sobrevivência dos pronomes relativos parece cada vez mais restrita aos gêneros escritos mais monitorados. No entanto, mesmo aí já encontramos indícios que anunciam a provável extinção futura desses pronomes.

A pesquisa sociolinguística no Brasil postula três estratégias de relativização. Vejamos: 1) relativa padrão: "Troquei essa pessoa com quem eu morava"; 2) relativa copiadora: "Troquei essa pessoa que eu morava com ela"; e 3) relativa cortadora, que foi a usada pelo poeta: "Troquei essa pessoa que eu morava" (cf. Mollica, 2003).

A pesquisa de Maria Cecília de Magalhães Mollica (1977) foi pioneira no tratamento das orações relativas, seguida pelo conhecido trabalho de Fernando Tarallo (1983). Mais recentemente, Mollica retomou a sua pesquisa inicial, revisitando a comunidade e gravando um novo *corpus*. A seguir, resenhamos alguns resultados dessa pesquisa de que participou também a auxiliar de pesquisa Camille de Miranda Fernandez. O foco do estudo foi o uso variável da anáfora pronominal do sintagma nominal (SN) antecedente, quando em função de sujeito, complemento preposicionado e complemento não preposicionado. Veja-se o exemplo que as autoras fornecem para a função de sujeito: "a menina de cabelo louro com lacinho vermelho na cabeça que ela quebrou a perna ontem".

Segundo as autoras, quando se comparam os dados, em um intervalo de tempo real de 20 anos,[17] verifica-se que a incidência do pronome cópia é maior quando há um elemento interveniente entre o referente e o pronome relativo e, ainda, que a variação está de fato se concentrando no domínio sintático do sujeito. Concluem também que a chamada variante cortadora (Tarallo, 1983, *inter alia*) vem prevalecendo na língua, como uma estratégia de esquiva, consentânea com a tendência à perda de preposições e ao sujeito preenchido. Quanto aos fatores não linguísticos, de natureza demográfica, o mais relevante provou ser o grau de escolaridade. Quanto mais os indivíduos avançam em sua escolaridade, menos uso fazem da anáfora pronominal, certamente porque esse uso é reprimido na escola.

As principais perguntas lançadas no trabalho de Mollica são: (1) Pode-se afirmar que houve mudança no que se refere ao uso variável das relativas? (2) Os parâmetros controladores são semelhantes na década de 1980 e 1990? (3) Há predominância entre os fatores sociais sobre os estruturais? (4) Qual a diferença entre o comportamento dos indivíduos e da comunidade no interstício considerado? (5) Já se pode explicar o encaixamento das referidas construções diante de outras estruturas sintáticas no português?

Na tabela seguinte, as autoras comparam a ocorrência da anáfora pronominal nas duas amostras, considerando como variáveis independentes os fatores estruturais (de natureza linguística).

Correlação de variáveis estruturais
em função do emprego da anáfora

Análise de tendência

Variável	Fatores	Amostra 80 (C)	Peso Relativo	Amostra 00 (C)	Peso Relativo
Distância	+ Distância	45/368 = 12%	.74	16/142 = 11%	.72
	– Distância	42/1152 = 4%	.42	16/441 = 4%	.42
Animacidade	+ Humano	75/804 = 9%	.70	28/314 = 9%	.72
	– Humano	12/716 = 2%	.28	4/269 = 1%	.24
	Sujeito	63/1008 = 6%	.54	24/376 = 6%	.53
	Obj. indireto	9/73 = 12%	.80	2/24 = 8%	.84
Função	Adj. adnominal	7/12 = 58%	.97	3/7 = 43%	.99
	Adj. adverbial	4/88 = 5%	.64	2/37 = 5%	.76
	Obj. direto	2/315 = 1%	.24	1/126 = 1%	.23

Fonte: Mollica, 2003.

Nessa tabela, o resultado mais relevante é demonstrado pelo peso relativo. Trata-se de um recurso metodológico do Programa Varbrul para análises sociolinguísticas variacionistas (o qual varia de 0 a 1). Quanto mais próximo de 1, maior a probabilidade de o fator afetar a ocorrência da variante em estudo (cf. Guy e Zilles, 2007).

Mollica (2003) explica assim os fatores estruturais

> O traço de animacidade do referente reafirma tendência universal de que, quando o sintagma antecedente é humano, o índice de ocorrência da anáfora é maior. Quanto à variável função, observa-se que, na amostra 00, a anáfora concentra-se integralmente na posição de sujeito, enquanto que, na amostra 80, ocorre como sujeito e objeto indireto. Na posição de sujeito, não há diferença estatisticamente significativa de sua ocorrência, enquanto na posição de objeto indireto a variação é relevante.

A conclusão da autora quanto à variável "função" é pela estabilidade. "Do ponto de vista do sistema, o encaixamento e a implementação do fenômeno não vêm apresentando um quadro de mudança e as modificações observadas são sutis, posto que são extremamente localizadas".

A autora também selecionou uma bibliografia relativa ao fenômeno da relativização, que vem reproduzida ao final deste livro.

Neste capítulo sobre a variação linguística, inerente e sistemática, descrevi o estado da arte dos estudos linguísticos, em meados do século XX, quando a sociolinguística emergiu como uma disciplina autônoma, nos Estados Unidos. Foram definidos termos fundamentais, como regra variável e variantes, e me detive na polêmica questão sobre a equivalência referencial das variantes de uma regra.

Para contextualizar a questão dos valores sociosimbílicos das variantes de uma regra sociolinguística em uma comunidade de fala, dediquei alguns parágrafos a definição, formação e funções da variedade ou norma-padrão. À guisa de comparação, foram mencionados processos de padronização em alguns países e, depois, no Brasil.

Foram discutidas ainda as análises sociolinguísticas de duas variáveis no português do Brasil: a elevação das vogais médias /e/ e /o/, para ilustrar os processos de difusão e focalização no contato de variedades no Distrito Federal e a ocorrência de pronome cópia, em estudo conduzido em uma mesma comunidade, no Rio de Janeiro, em dois momentos no tempo real, com intervalo de 20 anos.

Exercícios

Questão 01

A variação das vogais pretônicas /e/ e /o/ é um bom indicador de variação regional no Brasil. A elevação ocorre em todo o território brasileiro, mas o abaixamento é próprio de falares nordestinos, a partir do norte de Minas Gerais. Preste atenção à realização dessas vogais em sua comunidade ou em outras comunidades que você visitar. Anote as palavras onde ocorrer elevação e, eventualmente, abaixamento desses fonemas.

Questão 02

Se tiver oportunidade de conviver com falantes originários de áreas onde o abaixamento das vogais /e/ e /o/ é produtivo, que estejam convivendo em regiões onde a regra não é produtiva, procure observar a ocorrência da regra de abaixamento no repertório desses falantes, consideradas como marcas fossilizadas em sua fala. Discuta seus dados com os colegas e com o professor.

Questão 03

Atente também para ocorrências de pronomes cópia e as registre em um pequeno inventário. Depois, compare o seu inventário com o de seus colegas.

Tradição da Antropologia Cultural: Dell Hymes e a Etnografia da comunicação

Deve-se ao sociolinguista Dell Hathaway Hymes [1927-2009] a proposta programática da tradição acadêmica que se tornou conhecida como Etnografia da comunicação. Dell Hymes desenvolveu trabalhos nas áreas de Linguística, Sociolinguística, Antropologia e Folclore. Com rara habilidade combinou elementos dessas áreas para compor as bases da Etnografia da comunicação. Neste capítulo vou situar essa tradição no âmbito da Sociolinguística e revisar seus postulados teóricos e metodológicos.

Dell Hymes, conforme análise epistemológica elaborada por Figueroa (1994), distinguiu em 1972, na *Georgetown Annual Round Table on Language and Linguistics*, três orientações da Sociolinguística, a saber: 1. A que é social e linguística, e consiste na aplicação da teoria linguística a problemas práticos, como os educacionais; 2. A Linguística que é socialmente realista; e 3. A Linguística que é socialmente constituída, em que ele próprio vai situar a Etnografia da comunicação. A frase "socialmente constituída" pretende expressar a visão de que a função social dá forma aos modos como os traços linguísticos são encontrados na vida real (Figueroa, 1994: 33).

Na condição de linguista e antropólogo, cuja formação deu-se a partir de meados do século XX, Hymes sofreu influências do Círculo Linguístico de Praga, de Edward Sapir [1884-1939], a cuja memória dedicou seu livro de 1974, de Roman Jakobson [1896-1982] e de John R. Firth [1890-1960], principalmente. Por isso, encontram-se em seu trabalho marcas do funcionalismo do Círculo de Praga, da contextualização de Firth e do relativismo de Sapir, que formam as bases de sua etnografia. Ele diz:

> Mesmo as etnografias que temos, ainda que raramente focalizadas na fala, demonstram-nos que as comunidades diferem significativamente em relação aos modos de falar, aos padrões de repertórios e alternâncias [de código, de estilo], nos papéis e significados de fala. Eles indicam diferenças quanto a crenças, valores, grupos de referência, normas etc. na medida em que penetram nos sistema corrente de uso da língua e em sua aquisição pelas crianças. (Hymes, 1974: 33, tradução da autora)

Para Hymes, a humanidade não poderia ser compreendida sem levar-se em conta a forma como evolui e se mantém sua diversidade etnográfica. Cabe observar aqui que o adjetivo *etnográfico*, que Hymes tanto valorizou, provém do termo *etnografia*, tradição intelectual introduzida na antropologia do final do século XIX, cuja denominação foi composta de dois radicais gregos: "*ethnoi*", que significa "os outros", os bárbaros, os não gregos) e "*graphos*", que significa registro escrito.

Na condução de suas pesquisas, os etnógrafos participavam, desde então, durante extensos períodos, na vida diária da comunidade que estavam estudando, observando tudo o que ali acontecia; fazendo perguntas e reunindo todas as informações que pudessem desvelar as características daquela cultura, que era o seu foco de estudo (cf. Bortoni-Ricardo, 2008c).

Figueroa (1994), já citada anteriormente, chama a atenção para os sete temas centrais à Sociolinguística hymesiana (cf. Hymes, 1974: 206). Vamos revê-los aqui, sublinhando os termos mais relevantes para a teoria:

1. A teoria linguística é vista como teoria da língua, o que implica a organização da fala, e não somente da gramática;
2. As fundações da teoria e da metodologia implicam questões de função, e não somente de estrutura;
3. As comunidades de fala se constituem pela organização dos modos de falar (e não são equivalentes à distribuição [espacial] da gramática de uma língua;
4. A competência é considerada uma habilidade pessoal (não apenas conhecimento gramatical, potencial sistemático de uma gramática, propriedade superorgânica de uma sociedade, ou, principalmente, algo irrelevante para as pessoas de qualquer forma);
5. A performance é uma conquista e responsabilidade, algo que se possui e emerge, (não somente como processamento psicolinguístico e impedimento);
6. As línguas são o que os usuários fazem delas (não apenas um apanágio da natureza humana);
7. A liberdade, igualdade e fraternidade da fala[18] são conquistadas na vida social (não simplesmente postuladas como tácitas, em consequência da língua).

Levando em conta esses sete temas, pode-se entender melhor o conceito de competência comunicativa, que Hymes propôs, inicialmente em 1966, retomando-o em 1972, como uma alternativa à noção de competência chomskiana. Esse conceito, de competência comunicativa, que veio a tornar-se seminal no ensino de línguas, derivou-se da noção de aceitabilidade, proposta pelo antropólogo funcionalista

Ward Goodenough [1919-2013] (1957) e incluída no âmbito de sua definição para a cultura de uma sociedade. Para ele cultura consiste de tudo aquilo que as pessoas têm de conhecer e tudo em que têm de acreditar a fim de operarem de uma maneira aceitável pelos membros dessa sociedade. Ele vai além, ao associar cultura aos modelos que as pessoas têm em mente para perceber, relacionar e interpretar o que as cerca. A aceitabilidade, Goodenough enfatiza, depende ainda em grande parte de critérios estéticos, que alguns cientistas denominam "elegância".

Admitindo-se a produção linguística como um componente da cultura nesses termos, a competência comunicativa é o que habilita o falante a comunicar-se de modo aceitável com qualquer interlocutor, de seu grupo social ou da sociedade mais ampla, investido de qualquer papel social que lhe for atribuído.

Segundo Hymes, uma teoria da competência comunicativa que se proponha a explicar a produção e a interpretação do comportamento cultural tem de dar conta do que é formalmente possível, considerando-se o sistema da língua, do que é viável, em função dos meios de implementação da fala disponíveis, do que é apropriado, levando-se em conta as normas sociais que presidem à comunicação nos diversos contextos e nas diversas funções e papéis sociais, e, finalmente, do que é efetivamente usado. (cf. Bortoni-Ricardo, 2005, cap. 6)

Em sua formulação do conceito, Hymes associou viabilidade a contingências, tais como limitação de memória, recursos perceptuais etc. Venho refletindo sobre essa definição há algum tempo e propondo que o conceito de viabilidade que integra a competência comunicativa

> deva ser ampliado para incluir todos os recursos linguísticos à disposição dos falantes. O próprio Hymes (1974) observa que há uma fundamental diferença entre o que não é dito porque o falante não tem ocasião de dizê-lo e o que não é dito porque o falante não tem ou não encontra uma forma de dizê-lo. (Bortoni-Ricardo, 2005: 62)

Nesses termos, considera-se que a competência comunicativa pode ser sempre ampliada, o que vai acontecer naturalmente ao longo da vida, mediante as experiências que o falante acumula, e especialmente como consequência da educação linguística, sistemática, que se processa particularmente na escola. Esse tratamento do componente viabilidade é consentâneo com o item 5 da teoria postulada por Hymes, que vimos há pouco: "A performance é uma conquista e responsabilidade, algo que se possui e emerge", mediante a aquisição dos recursos que a viabilizam.

Para tornar mais claro o conceito de competência comunicativa, vejamos um exemplo. Suponhamos que qualquer cidadão comum, em visita turística ao Supremo Tribunal Federal, em Brasília, fosse solicitado a participar da sessão emitindo um voto ou parecer sobre o processo em discussão. Naturalmente que, sem conhecimento factual do caso, sem formação jurídica e, especialmente, sem domínio do jargão técnico que é usado naquele tribunal, faltariam ao visitante os recursos linguísticos para votar de maneira adequada, ou seja, a sua participação não seria viável.

Há muitas tarefas comunicativas na vida em sociedade para as quais se exigem certos recursos de linguagem, particularmente recursos específicos de oratória e retórica. Ademais cada campo do saber desenvolveu nos últimos séculos um léxico particular a que têm acesso somente os iniciados naquele campo de saber, como já vimos neste manual. Esse léxico é parte importante dos recursos que viabilizam a competência no exercício de tarefas comunicativas específicas e próprias de um determinado domínio social.

Ao propor os métodos de pesquisa da Etnografia da comunicação, Dell Hymes criou, como um auxílio mnemônico, o termo *speaking*, no qual cada uma das letras remete a um elemento chave da pesquisa etnográfica (cf. Saville-Troike, 1982). Vejamos:

Componentes da pesquisa na Etnografia da Comunicação

S – Setting or scene: ambiente
P – Participants: participantes
E – Ends: fins ou propósitos
A – Act sequence: forma e conteúdo da mensagem
K – Key: tom ou modo de pronunciar
I – Instumentalities: instrumentos de transmissão
N – Norms: normas de interação e interpretação
G – Genres: gêneros textuais, orais ou escritos

Nos próximos parágrafos, vamos discutir sucintamente cada um desses elementos. A primeira letra, o "s" refere-se ao "*setting*", ambiente, ou à "*scene*", cena. Todo ato de fala situa-se no tempo e no espaço, isto é, em um determinado lugar e em um momento. Dell Hymes referia-se também ao ambiente psicológico, que Deborah Tannen (1979) expandiu, ao propor o termo "*frame*", moldura, quadro ou enquadre. O conceito foi retomado por Tannen e Wallet (2002).

Vejamos o que dizem Ribeiro e Garcez, ao apresentarem a tradução (feita por Parmênio Camurça Citó, do texto original de Tannen e Wallet, de 1987) sobre o conceito de "*frame*":

> A partir de conceitos advindos da Psicologia Cognitiva, da Semântica, e da Antropologia Cultural e da Sociolinguística Interacional, Tannen e Wallat propõem um melhor discernimento para as noções de "enquadre", e "esquema" – que consideram interligadas, porém distintas. [...] Sugerem, então, distinguir claramente dois tipos de estruturas de expectativas: criar o termo 'enquadre' com referência à noção antropológica/sociológica de enquadres interativos de interpretação, e 'esquemas' com referência à noção de esquemas de conhecimento sob o ângulo da Psicologia e da Inteligência Artificial". (Ribeiro e Garcez, 2002: 183)

Os participantes são, naturalmente, o componente mais importante, se considerarmos que estamos trabalhando com uma teoria voltada para a comunicação humana. Há muitas categorias de participantes, o falante, o principal destinatário, também referido como ouvinte primário, outros destinatários e mesmo outras pessoas que entreouvem a conversa. Pode haver um só interlocutor ou muitos em cada evento de fala. O mais relevante nesse quesito são os papéis sociais que os interagentes estão desempenhando na interação. Eles podem situar-se em uma relação simétrica (dois amigos, dois colegas), ou assimétrica (patrão e empregado) etc. Podem pertencer à mesma rede social (de parentesco, de vizinhança, de trabalho etc.), que, por sua vez, também varia em configuração, como veremos no capítulo "A Sociolinguística interacional".

Dependendo dos papéis sociais dos interlocutores, a interação pode ser uma conversa casual (duas pessoas na fila do banco) ou institucional (cliente e gerente de banco). Os interagentes podem ser, ou não, do mesmo gênero, da mesma faixa etária; do mesmo estrato social, ou podem ser muito distintos em relação a esses parâmetros.

São os papéis sociais de que os participantes estão investidos que determinam a extensão da formalidade conferida à interação. Definem também o grau de focalização na conversa. Pode-se, de fato, considerar o grau de focalização como um componente da formalidade, que deve ser vista, como propôs Irvine (1978), como resultado de vários fatores co-ocorrentes.

Para ilustrar a importância que os papéis sociais desempenhados pelos participantes em qualquer interação assumem na comunicação entre as pessoas em uma sociedade, vamos nos valer de alguns exemplos literários, inclusive uma peça teatral, chamada *É...*, de Millôr Fernandes.

Obras literárias de boa qualidade nos fornecem subsídios sociolinguísticos, pois os autores, na busca da verossimilhança para seus personagens, esmeram-se nos diálogos e na descrição das características de suas falas. Antes de passamos ao texto de Millôr Fernandes, cito dois exemplos para ilustrar a relevância dos diálogos literários para estudos sociolinguísticos. O primeiro é o estudo de Roger Shuy (1975) sobre o personagem título do livro de D. H. Lawrence [1885-1930], *O amante de Lady Chatterley*. O personagem, que é um serviçal e também o amante da aristocrata, Lady Chatterly, alterna, em um mesmo evento de fala, o inglês padrão e o dialeto de Derbyshire, região industrial de baixo prestígio, de onde é proveniente. Mas essa alternância não é aleatória. Ele se vale funcionalmente da mudança de código entre as duas variedades para ressaltar o papel social que, em cada ato de fala, quer que sua interlocutora reconheça nele: como amante ele quer realçar a dimensão simétrica na interação, mas, às vezes, convém a ele assumir o papel do subalterno. Então, vale-se de seu dialeto (cf. Bortoni-Ricardo, 1981). Vejamos um pequeno episódio dessa mudança de código. O casal está na cabana que era o cenário de seus encontros amorosos, e chovia copiosamente.

> "But if you have a child?" she said. [...]
> "Why!", He said at last. "It seems to me a wrong and bitter thing to do, to bring a child into this world".
> "No! Don't say it! Don't say it!" she pleaded. "I think I'm going to have one. Say you'll be pleased,". She laid her hand on his.
> "I'm pleased for you to be pleased," He said. But for me it seems a ghastly treachery to the unborn creature." [...]
> "Ah, no!" she said shocked. "Then you can't ever really want me! You can't want me, If you feel that." [...]
> "Tell me you want a child in hope!" she murmured, [...] "Tell me you do!"
> "Why!!" He said at last [...]?" Why, I've thought sometimes If one but tried, Here among th' colliers even! They workin' bad now, an' not earnin' much, If a man could say to 'em: Dunna think o' nowt but th' money. When it comes ter wants, we want but little. Let's not live for money" (Lawrence, 1989: 346-347).

Nessa passagem, a patroa e amante pergunta a Mellors como seria se ele tivesse uma criança. "Por quê?" Ele responde, após uma hesitação. "Parece-me uma coisa errada e amarga trazer uma criança ao mundo", e enfatiza seu pensamento, continuando a usar inglês padrão. Chocada, ela lhe pede que não diga aquilo, pois ela imagina que ia ter um filho. Se ele diz isso é porque não a quer. Pede a ele que diga que está feliz. Ele responde que se ela assim deseja, ele está feliz. Diante do constrangimento que o diálogo lhe traz, ele alterna o código, começa a exemplificar com o caso dos trabalhadores locais. Usando seu dialeto, ele lastima que os trabalhadores trabalhem muito e ganhem pouco. Observam-se vários traços de seu dialeto nesse seu turno: *th (the); they workin' bad now (they are working) 'em (them); Dunna think o' nowt but th' money (Don't think of nothing but money)*.

Outro exemplo de análise sociolinguística baseada em diálogos ficcionais são as falas do personagem Chico Bento, de Maurício de Sousa, que é um menino nascido e criado em zonal rural. Alguns sociolinguistas não apreciam a linguagem de Chico Bento porque ela contém inconsistências, ou seja, há traços típicos do falar caipira, mas nem sempre de forma consistente. Quero chamar a atenção aqui para a primeira edição de *Chico Bento Moço*, publicada em 2013. Como os outros personagens de Maurício de Sousa, Chico Bento cresceu e foi para uma cidade próxima cursar Agronomia. Uma pergunta sociolinguística que se coloca é se, nesse novo papel social, de aluno universitário, Chico Bento iria manter o seu falar caipira. No número 1 do *Chico Bento Moço*, vemos que o personagem mudou sua maneira de falar: Ao ser perguntado pelo pai se ele "já escoieu o rumo que vai sigui na sua estrada", ele responde: "Amo muito a terra, o campo, os animais. [...] Desde pequeno sou ligado na natureza... e decidi ser agrônomo. [...] Posso estudar as melhores maneiras de preparar o solo, combater as pragas, armazenar a produção". Observe-se que, nesse turno, Chico Bento não faz uso de seu falar caipira. O mais interessante, todavia, nesse número 1 de *Chico Bento Moço* é que há passagens em que os personagens refletem sobre as diferenças sociolinguísticas. Durante uma visita aos pais e amigos, já como universitário, Chico Bento conversa com o pai: "Ô coisa boa, sô. Num tem coisa mior do qui café feito no coador de pano". Depois se dá conta de que voltou a falar como antes e se desculpa: "Desculpa... eu quis dizer...". Ao que o pai responde mostrando grande sensibilidade: "Ô fio... ocê tá em famia! Aqui o caipirês é permitido!"

O terceiro exemplo de mudanças sociolinguísticas decorrentes de mudança no papel social do personagem, como já disse, vem da peça *É...*, de Millôr Fernandes.

Trata-se de história de dois casais, um de meia-idade, Vera e Mário, ela de prendas do lar e ele professor universitário, e um casal jovem, Oto, professor universitário, 29 anos, e Ludmila, tradutora *freelancer*, 24 anos. Ao longo da história, Mário se apaixona por Ludmila e deixa Vera. Ela, até então uma mulher muito contida em seu comportamento e em sua fala, sofre a grande decepção e muda seu modo de ser e seu repertório linguístico, que começa a ser pontuado, de forma muito canhestra, por palavras tabus, palavrões que são censurados abertamente na sociedade. Ao conversar com a irmã de Ludmila, refere-se a esta, agora casada com seu ex-marido, Mário, como: "A puta de tua irmã". A outra reage: "Pelo amor de Deus, Vera!". Vera completa: "Perdão, eu queria dizer liberada. Não é liberada que vocês chamam agora às putas?" (Fernandes, 1977: 147).

Essa passagem, bastante realista, ilustra bem a mudança de hábitos linguísticos da mulher, antes uma comportada esposa e mãe de família, agora, uma mulher frustrada, procurando seu novo papel social.

Em função dos papéis sociais dos participantes, as interações poderão ser mais, ou menos, focalizadas. Goffman (1976) nos forneceu critérios para distingui-las quanto a esse aspecto. A interação focalizada tem um propósito explícito e é mais estruturada. Voltaremos a esse tema a partir do próximo parágrafo, ao discutir as normas que regem a interação e no capítulo "A Sociolinguística Interacional".

Voltando ao termo mnemônico de Hymes – *speaking* –, a letra "e" refere-se a fins (*ends*, em inglês). Os fins ou propósitos de uma interação também dependem muito de quanto essa interação é convergente, voltada para o atingimento de uma finalidade, ou a solução de um problema, como uma consulta médica, por exemplo. Por outro lado, temos a conversa espontânea, sem compromisso, que é um correlato verbal da afetividade: aquilo que em português do Brasil chamamos de "bater um papo". Nesses casos, um assunto puxa outro, e o propósito interacional é mais uma função social fática, promovida pelo desejo de tratar bem o interlocutor, ou de se distraírem, de estreitarem os laços de convivência. Cabe aqui nos lembrarmos do poema de Mário Lago, cujo fragmento analisamos no capítulo "A herança da Linguística Estruturalista: o tratamento da variação linguística", em que o poeta supõe uma conversa entre um casal de enamorados. Vimos àquela altura que todo ato de fala tem uma força locucionária, o que se diz, e uma força ilocucionária, o que se quer dizer. E ainda, uma força perlocucionária, o que se quer atingir com aquele ato de fala: persuadir, informar, aconselhar, motivar, elogiar, ensinar, dissuadir.

Ao tratarmos do que Hymes denominou de fins ou finalidades, convém fazer uma referência às funções da fala. Gillian Sankoff (1972: 33), em trabalho pioneiro no qual chama a atenção para funções além da referencial, alerta que, para Hymes, a melhor abordagem para as funções da fala seria começar postulando a função social. Dá como exemplo a demonstração de respeito, encontrada em qualquer sociedade. A partir daí, pesquisam-se os meios linguísticos pelos quais as diversas funções se expressam e se consolidam.

A letra "a", como vimos no quadro "Componentes da pesquisa na Etnografia da Comunicação", é a "*act sequence*", a forma e conteúdo da mensagem: o que é dito e como é dito. Quando estamos relatando algo que já aconteceu, podemos usar um verbo performativo para explicitar como um ato de fala foi produzido. Por exemplo: "Ela sussurrou"; "Ela gritou"; "Ela esbravejou"; "As palavras foram quase inaudíveis". Nos textos de peças de teatro a forma como uma fala deve ser realizada vem sempre explicitada. Isso nos ajuda a distinguir claramente a forma e o conteúdo da mensagem.

A letra "k", na palavra *"speaking"* remete a "key", que Hymes define como o tom, a maneira ou o espírito que o falante confere a sua fala. É esse espírito que permite ao interlocutor reconhecer quando a conversa é séria ou quando o falante está brincando, ou fazendo troça, por exemplo. Enfim, permite-lhe identificar a força ilocucionária do ato de fala. Muitas vezes, quando esse espírito não fica claro, os participantes se valem de recursos de metacomunicação, tais como: estou brincando, estou falando sério etc.

A letra "i" é a inicial da palavra *"instrumentalities"*/ instrumentalidades, que indica a forma como a mensagem é transmitida: se é verbalizada na interação face a face, por telefone, carta, telegrama etc.; se é cantada, enfim, se é verbal ou não verbal, ou se são usados sinais, como os de fumaça ou tiros de canhão ou foguetes.

Nas últimas décadas, surgiu um meio totalmente novo de comunicação, pela internet, que é muito peculiar porque se vale da língua escrita, mas, em função da rapidez de sua transmissão, incorpora muitos traços da língua falada. Nas diversas línguas naturais usadas na comunicação pela internet já surgiram modalidades conhecidas por internetês ou por outras denominações. A comunicação pela internet pode ser síncrona ou assíncrona, dependendo da plataforma que se usa e dos objetivos da interação. É síncrona quando os interlocutores estão em contato sincrônico como se fosse uma interação face a face, e assíncrona quando há um lapso de tempo entre a emissão da mensagem e a sua recepção. Nesse caso, a comunicação é como a escrita e o recebimento de uma carta.

A letra "n" em *speaking* é o mnemônico para normas. As normas que presidem a qualquer interação humana estão diretamente relacionadas com a noção de aceitabilidade, que, como já vimos anteriormente, foi proposta por Goodenough (1957), ou seja, são influenciadas pelos modelos que as pessoas têm em mente para perceber, relacionar e interpretar o que as cerca. Há normas associadas ao espaço social e institucional – também referido como o domínio social no qual a interação se processa –, ao tema, que é o assunto da conversa, aos propósitos comunicativos e a outras características interacionais. As normas são plasmadas no convívio social e preveem o direito à palavra, o processo de revezamento entre os interactantes, a concisão, a polidez, a ênfase, a manutenção ou a quebra do silêncio etc. (cf. Bortoni-Ricardo, 2005, cap. 15).

As interações focalizadas, geralmente conduzidas em lugares públicos, como, por exemplo, os ambientes profissionais, são mais afeitas a normas de interação que as conversas não focalizadas, próprias do convívio familiar ou entre vizinhos e amigos, em comunidades não muito amplas. Segundo John Gumperz (1974), nas primeiras, pensamos nos participantes não como pessoas, mas como ocupantes de um *status* definido, em termos de obrigações e direitos. As relações são, portanto, posicionais e não pessoais.

Um aspecto muito relevante determinado pelos papéis sociais dos participantes, na sociedade brasileira, é a escolha dos pronomes de tratamento. Brown e Gilman (1972) chamam a atenção para o fato de que em comunidades anglófonas, na idade moderna, há um só pronome de tratamento – *you*. Na língua francesa há dois pronomes, *tu* e *vous*, selecionados conforme a formalidade que se estabelece entre os interlocutores. No espanhol, os falantes também escolhem entre *tu* e *usted*, e a escolha não é aleatória: vai depender do que os autores citados chamaram de dimensão de poder e de solidariedade. Em ambas as línguas o pronome *tu* é adequado quando prevalece a dimensão de solidariedade, reservando-se o *vous*, em francês, e o *usted*, em espanhol, para os diálogos em que a assimetria do poder é bem estabelecida. Em Portugal, o pronome *tu* ainda é marca de solidariedade; o pronome *você*, indicador de respeito, é usado quando o eixo do poder é prevalente.

No Brasil o pronome de tratamento *você*, que resultou de uma forma antiga cerimoniosa, *vossa mercê*, alterna-se com o pronome *tu* conforme os diversos falares regionais, mas não preservou essa marca de deferência, como o *usted* do espanhol. No entanto, como a sociedade brasileira é muito estratificada, desde o período colonial, surgiu uma nova forma de tratamento cerimonioso, quando prevalece o eixo do poder, e não o da solidariedade, que é "o senhor", "a senhora". A opção por esse tratamento pode-se justificar por diferenças etárias, socioeconômicas, posicionais, mas não é raro que a pessoa que recebe tal tratamento se ressinta porque não quer ser considerada idosa, e pede ao interlocutor que alterne para o *você* ou o *tu*, conforme a região. Essa peculiaridade da sociedade brasileira ilustra bem o tema 2 que Hymes propôs, entre os sete, como vimos: "As fundações da teoria e da metodologia implicam questões de *função* e não somente de estrutura" (1974: 206). São as funções sociais que organizam a nossa sociedade que estão promovendo mudanças na morfologia pronominal.

A última letra da palavra "*speaking*" é o "g", de "*genres*", ou gêneros, muito discutidos atualmente na literatura linguística no Brasil. Gêneros são peças de linguagem, historicamente consolidadas, orais ou escritas, como poemas, saudações, orações, aulas, editoriais de jornais, revistas em quadrinho etc., que atendem a determinados fins e se constituem de determinadas formas.

Para Marcuschi (2001: 43): "Gêneros são formas textuais estabilizadas, histórica e socialmente situadas. Sua definição não é linguística, mas de natureza sociocomunicativa, com parâmetros essencialmente pragmáticos e discursivos".

Segundo Charles Bazerman (2013),

> Os gêneros moldam práticas comunicativas regularizadas que unem organizações, instituições e sistemas de atividades. [...] Os gêneros, ao identificarem contextos e planos de ação, também concentram nossa atenção cognitiva e direcionam a dinâmica da nossa mente na busca de relações comunicativas específicas, exercitando e desenvolvendo, assim, modos particulares de pensar. (Bazerman, 2013: 13-14)

Sobre gêneros textuais, Dominique Maingueneau (2010) faz a seguinte ressalva:

> Se aceitarmos a concepção de gêneros do discurso como dispositivos de comunicação sócio-históricos, categorias tais como "diálogo", "carta", "diário"... não podem ser consideradas gêneros de discurso. No meu entender, elas seriam mais bem categorizadas como "hipergêneros". Os hipergêneros não sofrem restrições sócio-históricas: eles apenas "enquadram" uma larga faixa de textos e podem ser usados durante longos períodos e em muitos países. (Maingueneau, 2010: 131)

Para ilustrar a grande variedade de gêneros orais empregadas em uma sociedade, valemo-nos do seguinte inventário de gêneros desenvolvidos em sala de aula, organizado por Marcelo Fabiano Rodrigues Pereira e Vera Aparecida de Lucas Freitas, com base em Marcuschi (2004) e Dolz e Schnewly (2004):

Gêneros orais trabalhados em sala de aula

Narrar	Contos de fadas
	Lendas
	Conto
	Adivinha
	Piada
	Fábulas
	Livros de histórias infantis
Relatar	Relato de viagem
	Notícia/reportagem
	Biografia
	Relato de experiências vividas
	Testemunho
Argumentar	Diálogo argumentativo
	Debate regrado
	Reclamação
	Texto de opinião
	Exposição de ideias sobre jogos de futebol, competições e esportes em geral
Expor	Exposição oral
	Comunicação oral
	Saraus
	Declamação
	Dramatização
	Simulação de noticiários de rádio e TV
	Outro (qual?)
Jogos	Pedir e fornecer informações
	Dar recados
	Solicitar algo
	Explicar o funcionamento de um objeto ou as regras de um jogo
Outros	Parlendas
	Trava-línguas
	Receitas e remédios
	Entrevista
	Conversa telefônica
	Conversas públicas
	Conversas espontâneas
	Discurso festivo

Fonte: Pereira, 2013: 153.

Exercícios

Questão 01

Reflita sobre um evento de comunicação, que poderá ser institucionalizado (como em uma igreja, em um fórum, em uma câmara legislativa etc.) ou informal. Se possível, grave o evento ou partes do evento; em seguida, faça uma análise da gravação aplicando as categorias hymesianas resumidas na palavra *speaking*.

Questão 02

Procure em uma obra literária (romance, peça de teatro, história infantil, história em quadrinhos ou novela de televisão) um evento de comunicação e analise-o usando as categorias hymesianas, como na questão anterior.

Questão 03

Ao longo de um dia, observe os pronomes de tratamento (você, tu, senhor, senhora) utilizados pelas pessoas à sua volta, em seus diálogos. Escreva um texto de até 30 linhas sobre esse uso.

A herança da Antropologia Cultural 1: a Etnografia da Comunicação

Tendo visto no capítulo anterior os fundamentos teóricos e as categorias analíticas empregadas na tradição da Etnografia da comunicação, que foi incorporada à vertente qualitativa da Sociolinguística, dedicarei este capítulo à apresentação de alguns exemplos de pesquisas etnográficas, sociolinguisticamente orientadas.

Começarei com uma pesquisa conduzida em zona rural no município de Jaraguá, Goiás, por Luciana M. Cunha Muniz (2010), entre 1997 e 1999.

O município de Jaraguá está localizado a 180 km de Brasília. A pesquisadora deslocou-se para lá com o propósito principal de pesquisar a Folia de Reis, festividade famosa na região, preservada há muitas gerações. Ao longo da pesquisa etnográfica, constatou, entre outras particularidades, distinções bem consolidadas no repertório sociolinguístico entre os gêneros masculino e feminino na comunidade. A contação de causos e a moda de viola são atividades masculinas. As mulheres, por sua vez, recontam o que ouviram dos homens, fazendo observações, tais como, "É muito engraçado ouvir o fulano contar esse caso".

As rezas conduzidas pelos homens, durante os festejos de Folia de Reis, são cantadas e, com exceção dos versos de despedida, acompanhadas de instrumentos musicais (viola, violão, sanfona, pandeiro e tambor).

Vejamos a narrativa de parte dos eventos, contados por dois moradores da região, identificados pelas senhas:

> **EMDo**: *os reis do oriente foram pra Jerusalém... visitaram Jesus menino... na lapinha de Belém.*
> **EDo**: *e é assim por diante, Luciana, é contando aquela história que aconteceu... com os três rei do oriente... a caminho de Jerusalém pra visitá o menino Jesus...então...a cantoria conta a história tudinho... agora quando vai pedi a... pedi a pousada, aí os verso são todo diferente...a [com]... por exemplo... tem um que fala assim: os três rei do oriente como é que é... os três rei evem girando... entre sol e orovalho...procurou a vossa morada... pra pedi um agasalho, né... então aí já é... já é falanu sobre o pouso, né, pedindo aquele...aquela pousada... aí quando vem a noite que vai agradecê a pousada para i embora...aí os verso já [ou...] já é diferente...aí já é agradecendo... todo vem trovação...num tem um sem dá trova ...e...dispois que termina o agradecimento da pousada aí vai fazê as despedida... os versos da despedida: despedida tem um assim, despedida despedida despedida despedida singular...Santo Reis aqui despede do santo desse altar...o santo que tá dentro daquele altar, né... muito bem feito.* (Muniz, 2010: 203)

Como se vê, os homens conduzem as práticas de religiosidade popular e as descrevem com muita competência. As mulheres não participam desses relatos. No entanto, ocupam-se de novenas e orações em grupo, como o terço.

Vê-se nesse exemplo de análise etnográfica que há normas definindo a distribuição das tarefas comunicativas entre homens e mulheres, ou seja, há uma especialização das tarefas em relação aos participantes dos dois gêneros. Vê-se também, no que concerne às instrumentalidades, que parte do ritual é falado, parte é cantado. Temos ainda uma ilustração da forma e conteúdo dos eventos e situações de fala, inclusive o gênero da reza cantada, que é construído com rimas. Com relação a esse último item, a forma e o conteúdo, há que se observar a influência de práticas letradas bíblicas, herdadas da colonização católica, cuja produção linguística é refonologizada de acordo com a fonologia do falar local.

O segundo exemplo que vou aduzir provém do livro de Iveuta de Abreu Lopes (2006). A pesquisa foi conduzida entre 2001 e 2003 em um bairro proletário de Teresina, Piauí, o Vila Irmã Dulce, e tinha por objetivo analisar eventos e práticas de letramento, considerando-se o indivíduo, a família e a comunidade. Como em muitas outras comunidades urbanas de baixa renda no Brasil, na Vila Irmã Dulce os moradores, que em sua maioria têm pouca escolaridade, têm de participar de práticas letradas, no comércio, em instituições públicas, nas igrejas, no exercício da participação democrática. Diz a pesquisadora:

> Frequentemente as pessoas, principalmente as donas de casa, dirigem-se aos estabelecimentos comerciais locais para inteirarem-se sobre preços e produtos e, sempre que há oportunidade, levam as informações obtidas às pessoas de suas relações. Quanto ao ato específico da aquisição de produtos de consumo doméstico, aspecto que observei mais sistematicamente, verifiquei práticas diversas, evidenciadas nos exemplos que seguem. (Lopes, 2006: 164)

Dos exemplos citados pela pesquisadora (P), transcreveremos dois: (I) e (II), que são excertos das conversas suas com senhoras moradoras da localidade.

(I) (E3) P: *[...] A senhora é quem vai mesmo no supermercado fazer suas compras de alimentos?*
Lu: *É, mais ela* (apontando para uma das suas filhas).
P: *Por que a senhora vai mais ela?*
Lu: *Porque eu num gosto de andar só.*
P: *Por quê? A senhora tem medo?*
Lu: *Não, é aqui pertinho. Eu num tem medo não. Nós primeiro bota na listinha o que precisa, aqui em casa, eu vou dizendo e ela vai botando. Aí, se eu for só, quando chega lá eu me atrapalho. [...] Ela vai dizendo, olhando na lista e me dizendo. Aí nós duas vamos vendo e comprando o que precisa. Cê num viu naquele dia?* (Lopes, 2006: 165)

(II) (E4) Le: *As coisas que eu compro é sempre de pouco e num é sempre que eu tenho o dinheiro pra, assim, pagar na mesma hora. Assim, seu Bento tem aquela quitandinha e num se importa de anotar no caderno.*
P: *Mas quando você chega lá, você mesma escolhe as coisas que vai comprar? Como é que você faz? Eu fui com você daquela vez, mas nem prestei atenção.*
Le: *Não, ali num tem muita coisa assim não. É só um tipo de arroz, de... de óleo. Eu chego e falo: "Seu Bento me venda um quilo disso, um pacote daquilo", eu aponto com a mão e ele já sabe. Ele traz. Aí, se tô com o dinheiro, bem, pago logo e vou me embora [...]. Num tando, digo logo pra ele e ele bota no caderno, ali na minha frente. Eu num sei ler direito mas essas coisa eu sei [...]. Na hora que eu pego no real, vou lá e pago. Daquela vez ele num anotou no caderno dele e no meu? Mas eu já fui foi pagar aquele e já fiz mais conta. Porque a gente precisa, né?*
P: *Você já ouviu falar que as mercadorias têm prazo de validade?*
Le: *Ah, já sim. Mas eu num sei disso direito, não. [...] Logo eu compro pouco e as coisas assim da cozinha num sei se tem isso, não. Num vou atrás disso, não. Nem me lembro.* (Lopes, 2006: 165)

Essas passagens da monografia etnográfica mostram que as mulheres da comunidade exercem funções tradicionais, como as de irem ao comércio a fim de abastecer a casa. Para isso têm de recorrer a práticas letradas: escrever a lista de compras, escolher os produtos, conferir preços etc. Na execução dessas tarefas, contam com a ajuda de membros mais jovens da família com maior desenvoltura nessas práticas.

Quanto às instrumentalidades, na taxionomia de Hymes, vemos que, a par da interação oral comum entre os moradores, há momentos em que se torna necessário escrever e ler. Quase sempre essas necessidades se impõem na consecução de fins pragmáticos, imediatistas. Ocorre que tais tarefas não são igualmente viáveis para todos os moradores. Essas limitações acarretam uma distribuição de tarefas entre os participantes, levando-se em conta, especialmente, a faixa etária ou, no caso do dono da venda, o papel social. Estamos diante de uma especialização de tarefas comunicativas entre os participantes, em função da instrumentalidade e dos fins e propósitos interacionais.

Na sequência deste capítulo, veremos excertos de entrevistas para coleta de dados e faremos referência a mais duas monografias etnográficas.

As entrevistas foram conduzidas pelo aluno de Pedagogia (E) Arthur da Costa Lins, e fazem parte do banco de dados do Projeto "A Brasília que não lê", cujo objetivo era descrever as características de adultos residentes no Distrito Federal que chegaram à capital do país na condição de analfabetos e assim permaneceram, pois não tiveram oportunidades de se alfabetizarem. O banco de dados do projeto está disponível em <www.stellabortoni.com.br/index.php/projetos/a-brasilia-que-nao-le/category/20-banco-de-dados>. Esse projeto, de minha responsabilidade, foi apoiado pela FAP-DF e foi conduzido no período de 2009 a 2011. Os entrevistados estão sendo identificados como (Srª) e (Sr).

1º fragmento

Introdução – *São 18 de abril de 2009, estou no "P" norte, um dos setores de Ceilândia, mais precisamente na Paróquia São Marcos e São Lucas, para entrevistar a Senhora M. da C (Sr^a). Esta entrevista é parte das atividades do projeto "A Brasília que não lê".*

Entrevistador (E) – *É, hoje eu tô aqui a dona M., ela é moradora de Ceilândia.*
(E) – *Dona M. qual o seu nome completo?*
(Sr^a) – *XXXXXX (inaudível)*
(E) – *É, dona* XX, *a senhora nasceu quando?*
(Sr^a) – *(A filha ao seu lado responde)* XX/XX/*1943.*

2º fragmento

(E) – *E como é que foi a infância da senhora lá na sua cidade?*
(Sr^a) – *Ai, minha infança, meu filhu eu num tivi infança.*
(E) – *Não?*
(Sr^a) – *Não! Meu infa, minha infança era meu pai mi botar na roça, essa qui foi a minha infança (Ela solta uma gargalhada).*

3º fragmento

(E) – *É, a senhora teve acesso à escola lá na sua cidade?*
(Sr^a) – *Não.*
(E) – *Não teve acesso?*
(Sr^a) – *Não, eu chorava igual uma doida pa ir pa escola, o pai num dexava.*
(E) – *Ah, o seu pai não dexava?*
(Sr^a) – *Hum hum.*
(E) – *Por quê?*
(Sr^a) – *Dizeno ele que era pra mim num escrevê carta pá namorado (Ela sorri).*
(E) – *É e... assim as escolas qui tinha lá, era perto, distante?*
(Sr^a) – *Não tin'a que andar assim mar ô menu, uma, eu num sei, se é aqui, aqui chama quilomi, lá chama légua, distança di uma*

légua, tinha qui andar discalçu, pá í era montadu no jumentu nu cavalo ô ia di pé, né? (hunhum) nus carro di boi, era assim a dificudade era essa, que antigamente num tinha carro, né, só rico que tinha carro.

4º fragmento

(E) – *O senhor tinha acesso à escola lá?*
(Sr) – *Não! Escola lá era mais difícil di que orea de frera* (Ele sorri).
(E) – *Ah é? Deixa eu te falar...*
(Sr) – *Num tin'a. Porque olha. Escola e medicina lá era corra difícil.*
(E) – *Ah, é?*
(Sr) – *Num tin'a não. Num tin'a não. Escolinha vagabunda pra quem pudesse. Quem pudesse, quem num pudesse acharra nada não.*

5º fragmento

(E) – *Ah, sim! A senhora nasceu aonde?*
(Sra) – *Fortaleza, Ceará.*
(E) – *Fortaleza, Ceará! A senhora é da capital?*
(Sra) – *Humrum!*
(E) – *Ah, sim! É, como é que era a vida da senhora lá ne Fortaleza quando criança?*
(Sra) – *Foi muito sufrida, porque a minha mãe me teve, e no início do parto ela morreu, aí eu fiquei com a minha vô e minha tia, aí depois a minha tia morreu, também de parto, aí eu fiquei com a minha vô, aí depois a minha vô adoeceu procurô meu pai e ele dis que não ia me assumir. Aí o meio da minha vô foi me deixá no Juizado de Menor.*
(E) – *Ah, foi... E assim lá na sua cidade que é Fortaleza, a senhora teve acesso à escola?*
(Sra) – *Não!*
(E) – *A senhora não teve acesso à escola!*
(Sra) – *Não!*

(E) – *E a senhora o que que fazia lá em Fortaleza, a senhora...*
(Sra) – *Eu fiquei entregue o Juizado de menor e as pessoa que precisava de gente, aí e me adotava. Entendeu?*
(E) – *Ah é? Então a senhora assim, não sei se eu entendi bem mais a senhora ficô em mais de uma família?*
(Sra) – *Fiquei!*
(E) – *Ah, ficô? A senhora sabe quantas famílias a senhora...*
(Sra) – *Ai, foi muitas. Porque na época era casa de fazendero. E eu ia pra lá e trabalhava muito e sempre os patrão, era aqueles patrão que queria fazer o que eu num quiria sê. Entendeu?*
(E) – *Aê!* (Aqui eu estou agoniado com a história dela!)
(Sra) – *Aí, eu ligava lá pro Juizado de Menor falarra com a minha patroa pra ligá, contava pra ela a história que tava se passano comigo e o marido dela. Eu num quiria sê aquilo. Aí ela ligava pra lá e o Juizado mandava me buscá. Eu saía da casa dela com dois policial e uma malotinha, voltava pro Juizado de Menor de novo!*
(E) – *Lá você, era, era trabalhar a senhora trabalhava como? Era...* (Tive dificuldade para fazer essa pergunta!)
(Sra) – *Pra fazê de tudo! Na roça tudo!*
(E) – *Ah, é?*
(E) – *E assim a senhora nunca teve acesso a escola lá em Fortaleza?*
(Sra) – *Não!*
(E) – *Não né? E aqui em Brasília?*
(Sra) – *Também não!*
(E) – *Não né? A senhora sabe quantos irmão teve?*
(Sra) – *Minha família só que eu sei mermo é da minha vó que já morreu e da minha tia. Família minha, nunca conheci.*
(E) – *Não né?*
(Sra) – *Só meu pai, que no tempo que minha vó foi me entregá pra ele, que ele num quis me assumir.*
(E) – *Ah, sim! E a senhora veio pra Brasília quando?*
(Sra) – *Eu cheguei aqui, num tinha nem aquela rodoviara do Plano* (Rodoviária do Plano Piloto).

(E) – *Não?*
(Srª) – *Não!*
(E) – *Então foi antes da inauguração* (Inauguração de Brasília) *que a senhora chegô aqui?*
(Srª) – *Humrum! Cheguei aqui de Pau-de-arara, na época que eu vim.*
(E) – *A senhora tinha quantos anos nessa época?*
(Srª) – *Eu pudia tá com us, doze ô treze ano.*
(E) – *Ah, sim!*
(E) – *E quando a senhora veio pra Brasília, a senhora casô aqui?*
(Srª) – *Casei.*
(E) – *Aqui.*
(Srª) – *Humrum!*
(E) – *A senhora... com alguma pessoa, alguma...*
(Srª) – *Uma cumadi min'a tava morando aqui, aí sobe da minha vida lá no nordeste e mando me buscá.*
(E) – *Ah, tá!*
(E) – *Aí quando chegô aqui a senhora trabalhô?*
(Srª) – *Trabalhei, fui trabalhá.*
(E) – *A senhora trabalhava aonde?*
(Srª) – *Eu trabalhei no Sobradinho, trabalhei no Nuco Banderante* (Núcleo Bandeirante) *e fui trabalhano nur lugar que...*
(E) – *Ah, tá! E aqui em Brasília a senhora teve acesso a alguma cultura letrada, tipo livro, revista?*
(Srª) – *Não!*
(E) – *A senhora nunca pegô, assim?*
(Srª) – *Não!*
(E) – *Na época a senhora não pegô nessas assim e também não entendia alguma coisa?*
(Srª) – *Não!*
(E) – *Entendia?*
(Srª) – *Não!*
(E) – *A senhora tem quantos filhos?*

(Sr**a**) – *Aliar,* (Aliás) *Era quato, aí faleceu uma, fico três.*
(E) – *A senhora tem três filhos. E todos eles tiveram acesso à escola?*
(Sr**a**) – *Tiveru, o que eu não tive eu dei pra eles!*
(E) – *Ah, foi?*
(E) – *E todos moram em Brasília?*
(Sr**a**) – *Mora.*
(E) – *Ah, sim!*
(E) – *É, e aqui na Igreja, a senhora frequenta a missa e consegue acompanhá a missa com o folheto?*
(Sr**a**) – *Não porque eu num sei lê.*
(E) – *A então a senhora não consegue acompanhá a missa com folheto.*
(Sr**a**) – *Não!*
(E) – *Voltando um pouco na vivência sua lá na sua cidade.*
(E) – *Lá tinha energia assim pra assistir uma televisão, um rádio?*
(Sr**a**) – *Não, nessa época que eu morei lá, num tinha não.*
(E) – *Agora hoje já tem?*
(Sr**a**) – *Tem!*
(E) – *Ah, sim!*
(E) – *E lá na sua cidade, você conhecia alguém, é que sabia lê escrevê, lê?*
(Sr**a**) – *Não, porque é como eu digo. Eu criada mais assim nas casa dos fazendero. O senhor sabe, naquela época ninguém tin'a, só os filho deles tinha o direito de estudá.*
(E) – *Ah, sim! E só os filhos dos fazendero que a senhora que... conhecia e que sabia estudá?*
(Sr**a**) – *humrum!*
(E) – *Sabia estudá não! Sabia lê e escrevê?*
(Sr**a**) – *É.*
(E) – *Só essas pessoa?*
(Sr**a**) – *Só!*
(E) – *Agora vocês que, era, tinha que trabalhá num tinha acesso nenhum?*
(Sr**a**) – *Não!*

(E) – *E lá a... você... a senhora ficava sabendo ou participava dos festejo que tinha lá?*
(Sr^a) – *Não! Porque a gente num tinha esse direito!*
(E) – *Ah, num tinha esse direito, não?*
(Sr^a) – (Responde não com a sua cabeça).
(E) – *Nossa!*
(E) – *Então tá ok, dona M. Essa entrevista vai ser redigida e poderá ser publicada. A senhora aceita a publicação?*
(Sr^a) – *Aceito!*
(E) – *Tá ok, então. Brigado hein?!*

O que nos chamou mais a atenção nesses excertos de entrevistas foi a narrativa de uma das entrevistadas sobre episódios de abusos, inclusive sexual, que sofreu na infância. A constatação desses fatos deixa constrangido o entrevistador, que é muito mais jovem que ela e ainda era, na época, um aluno universitário. Não é raro que as entrevistas sociolinguísticas, particularmente quando conduzidas em pesquisa de caráter etnográfico e assumem o feitio de uma conversa, resvalem para assuntos sigilosos e pessoais, que devem ser tratados com muito cuidado.

Esse fato nos alerta para a necessidade de os etnógrafos preservarem o sigilo quanto à identidade de seus colaboradores. Com relação a essa questão, John Baugh (1979) criou o termo *etnossensibilidade*, que é uma qualidade a ser desenvolvida pelos etnógrafos na condução de suas pesquisas e que consiste em uma respeitosa consciência etnográfica (cf. Bortoni-Ricardo, 2008c).

Nos termos dos elementos que Hymes postulou e resumiu na palavra *speaking*, estamos lidando com as normas. Nesse caso, há normas sociais que preveem como um jovem rapaz deve tratar com uma senhora, que mal conhece, e que lhe está fazendo um favor de lhe responder a perguntas nos moldes de uma entrevista. O pesquisador, a quem cabe introduzir os temas na entrevista, tem de ser muito cuidadoso para não abordar assunto que possa gerar constrangimento. No caso da entrevista que lemos, foi a própria entrevistada que abordou o assunto constrangedor. O jovem entrevistador revelou em suas notas que estava ficando 'agoniado' com a conversa. São as normas sociais que definem que temas são adequados numa conversa, dependendo do gênero e da idade dos interlocutores, e do ambiente onde o encontro se dá. No exemplo que vimos, é imperativo que a identidade dos entrevistados seja rigorosamente *preservada*.

6º fragmento

Introdução – *São 10 de novembro de 2009, estou no Recanto das Emas para entrevistar o Senhor M. (nascido em 1944). Esta entrevista é parte das atividades do projeto "A Brasília que não lê".*

(E) – *Hoje são dez de novembro de dois mil e nove.*

(Sr) – *Dois mil e nove...*

(E) – *Isso!*

(E) – *É, eu tô aqui com o Seu M., ele é morador do Recanto das Emas. Seu M., qual o seu nome completo?*

(Sr) – *É M.XXXX.*

(E) – *Seu M. o senhor nasceu onde?*

(Sr) – *Nasci no municípo de Abadiana.*

(E) – *Abadiânia fica em?*

(Sr) – *Fui criado em Alexânia.*

(E) – *Goiás, né?*

(Sr) – *É Goiás!*

(E) – *Ah, tá! E o senhor nasceu quando?*

(Sr) – *Nasci mil novecentos e quarenta e quato,*

(E) – *Ah, tá! E como é que era a infância do senhor lá na sua cidade?*

(Sr) – *Como era?*

(E) – *É?*

(Sr) – *Antigamente era munto difiçu. A gente, eu nasci na roça,*

né, municipo. Trabalhei muito na roça, num tinha internet, num tinha nada. Num tinha... É um cê sabe como é que é, todo vivia da roça, tinha o que tê, o que num pudesse tê um terreno tinha que trabalhar pros fazendero, pa poder viver, né.
(E) – *Sei?*
(Sr) – *Num tinha estudo, eu mesmo, quando, eu tive dois mês e dezoito dias no coleju.*
(E) – *Sim?*
(Sr) – *Só, e nesse período eu andava quato... Eu e minha irmã nois andava quato quilomito de a pé, pra i e voltar. E depois quando chegô no tempo das férias, aí então, a gente tirô as féria, né? Passei até bem, com dois mês e dezoito dia, eu passei. Mas quando foi na data de março, a escola era pa começar dia vinte de março, eu num pude ir mais, porque o serviço num dexô. Meus pais trabaiava mexia com roça, eu peguei, eu comecei a trabalhar com dez ano de idade na roça.*
(E) – *Sim?*
(Sr) – *E então, foi quando a gente num pôde estudar mais, por motivo que num tinha como. Situação era precara, a gente tinha que trabaiar pra poder sobreviver, num tinha ajuda niuma. Então era isso aí, então por isso eu num estudei.*
(E) – *Ah, tá! O pai e a mãe...*
(Sr) – *E arguma coisa que eu aprendi, uma conta, uma coisa que eu aprendi, foi tomano orientação de um e otu assim, pra aprendê alguma coisinha. Eu sei um poquin de conta mais é, foi nessas condições.*
(E) – *E o pai e a mãe do senhor, eles sabiam lê?*
(Sr) – *Minha mãe num sabia lê de jeito neum. Meu pai sabia um poquin.*
(E) – *Seu pai sabia?*
(Sr) – *Sabia um poquin.*
(E) – *Ele ensinava pra vocês alguma coisa?*
(Sr) – *Ele ensinava, foi ele que ensinô o abc, porque ele pôde ensiná,*

aí ele assinava o nome. Insinô nois é assiná o nome.
(E) – *Ah, o seu pai que te ensinou?*
(Sr) – *É, foi! Aí depois a gente foi pra escola, mas foi só dois mês e dezoito dia, ia teno um desempenho munto bom, mas aí num teve condição mais, né.*
(E) – *Ah, tá! Você sabe quem insinô o seu pai a lê e escrever?*
(Sr) – *Não, sei! Aí eu num sei não.*
(E) – *E assim, você teve quantos irmãos e irmãs?*
(Sr) – *Eu, eu. Nois samo, um já é falecido. É dois irmão homi comigo né. E três irmã mulher. O homi já é falicido, chamava Geraldo, já é falicido. E as minhas irmã ainda é viva todas três. Uma mora aqui no Recanto das Emas duas mora em Goiânia. É isso aí.*
(E) – *E assim lá tinha Igreja, o senhor participava dos festejo, que tinha por lá?*
(Sr) – *Participava! Ainda, eu. Nois era católico, fomo nascido na Igreja, nois sempre participava aqui no Olho d'Água, Abadiana, que é aqui municipo de Abadiana, Corumbá sempre a gente ia, né. Aí surgiu, foi quando surgiu Alexânia, porque eu lembro da premera casa de Alexânia também, quando começô Alexânia.*
(E) – *Sei!*
(Sr) – *Aí a gente participava aí, aí depois eu passei, quando foi em + sessenta e sete, mil novecentos e sessenta e sete, eu comecei fui evangélico, certo? Achei por bem a passar por uma certa denominação evangélica.*
(E) – *Ah, tá!*
(Sr) – *E até hoje tô, tô nessa Igreja!*
(E) – *Ah, que bom! E assim o senhor lê a Bíblia, né?*
(Sr) – *Leio!*
(E) – *Lê, consegue lê direitinho?*
(Sr) – *Leio e te falo verdade. Pra mim a minha vida é a palavra de Deus. Em tudo, por tudo a graça de Deus pra mim é sob tudo.*
(E) – *E o senhor consegue assim decifrar como o Pastor fala: Capítulo tal, versículo tal, pela letrinha?*

(Sr) – *Algumas coisa, poque, eu já tô a gente, eu já tô com sessenta e cinco ano, quais sessenta e seis, a mente vai ficano um pocu fraca, né? A gente esqueci algumas coisa, mais a gente é, muntas coisas se as pessoa faz uma pergunta, muntas vezi a gente até responde.*
(E) – *É, né? Mas assim o senhor lê na Bíblia?*
(Sr) – *Leio sempre. Leio, comento sempre. É num gosto de ficar afastado da Igreja, tan... munto tempo. Sempre toda semana eu gosto de tá frequentano a Igreja, né? Porque esse é o nosso dever para a salvação da nossa alma né? Porque de tudo aqui se passa, mas a nossa vida espiritual essa nois tem que prestar conta, no dia do jurgamento, no dia da volta de Cristo, nois tem que prestá conta.*
(E) – *Com certeza!*
(Sr) – *Acho que todo mundo deveria de procurar tirá um poquin de tempo lê a Bíblia procurar entender a palavra de Deus, para que seja livre da condenação eterna. Né isso?*
(E) – *Hunrum! Além da Bíblia o senhor lê outra coisa?*
(Sr) – *Não, mas só. Gosto sempre só da Bíblia. Eu fui munto assim na juventude eu gostei munto assim de pograma de história, assim de negoçu sertanejo, cantar, tocar. [Repentista?] Não! Assim moda de viola, moda sertaneja.*
(E) – *Ah, sei!*
(Sr) – *Eu gostei muito, sabe? Mas depois quando eu passei a conhecer também a palavra de... eu vi que todas era uma vaidade que não tinha compensação por mim, pra mim, então eu abandonei tudo. Hoje a minha diversão é a Igreja, né?*
(E) – *Ah, tá!*
(Sr) – *A minha diversão é a Igreja, trabalhar. Eu num tô guentano munto trabalhar porque eu tô com poblema de coluna, tô muito pobremático de tanta coisa né. Mais ainda arguma coisa que eu ainda posso fazê né? Mas eu num tenho folgado mesmo é a Igreja.*
(E) – *E o senhor veio pra Brasília quando mesmo?*
(Sr) – *Eu vim em noventa e dois (1992) de mudança pra cá.*
(E) – *E o senhor veio pra cá de mudança, o senhor já tinha emprego*

aqui pra trabalhar, já tinha casa?
(Sr) – *Não, eu trabalhava de pedrero né?*
(E) – *Hãram!*
(Sr) – *Poque eu fui nascido e criado aqui ni Abadiana, né?*
(E) – *Sei!*
(Sr) – *Meus pais foram daqui de Alexânia, né. Minha parentela é tudo daí. Eu fui pro norte de Goiás em sessenta e seis. Em maio de sessenta e seis, eu mudei para o norte de Goiás pa mexer com lavora pra lá né? Fiquei pra lá até em noventa e dois.*
(E) – *Ah, tá!*
(Sr) – *É, mexendo com... trabaiei munto na roça, depois passei a trabalhá de construção civili, né. De pedrero, carpintero, canador, aprendi lá. Aí depois mudei pra cá né. Aí aqui mermo eu trabaiei munto né? Trabaiei fichado, particular.*
(E) – *E quando o senhor trabalhava fichado o senhor tinha alguma dificuldade com leitura? Tipo lê uma placa de um ônibus, o senhor sentiu alguma dificuldade em relação a sua outra cidade?*
(Sr) – *Em pra cá dento de quê?*
(E) – *Tipo assim, o senhor tinha que pegar ônibus, num tinha?*
(Sr) – *Não sobre isso aí a minha leitura graças a Deus nunca deu pobrema não, eu desenvolvo tudo isso, eu faço uma conta, eu trabalhei, trabalhei de olero, eu contava um caminhão de tijolo aí, eu contava a primeira fiada, mutiplicava tudo pela minha inteligência, e dava certo.*
(E) – *Ah, que legal!*
(Sr) – *E até hoje se a pessoa fizer uma conta aí, muitos faz uma conta aí, eu hoje. Só que eu num, só que eu num tô guentano mais, mas a minha profissão é pedrero né. Eu trabalho de ladrilhero, eu faço um orçamento de uma casa aí, até hoje eu faço, eu pela metrage da casa, eu faço o orçamento quanto precisa de cimento, quanto precisa de tijolo, quanto precisa de telha, faço tudo. A pessoa pode, pode um mestre de obra se batê pra fazê que dá igualo a que eu faço.*
(E) – *Ah, que legal!*

(Sr) – *Só que eu num to é guentano trabalhar mais, que a enfermidade me pegô, e eu tenho tado munto pobremado. Sabe?*
(E) – *E aqui é em Brasília o senhor teve acesso à escola?*
(Sr) – *NÃO! Num tive porque: Naquela data que eu vim pra cá.*
(E) – *Sim?*
[...]
(Sr) – *Eu já, eu já tinha minha família, eu tinha que cuidá da casa, trabalhar muito a gente cansava munto né? E eu num pude, e os filhos já precisava de estudá, que eu tenho seis filho né, eu precisava de ajudá os filho estudá, pagá alguma coisa, pagá escola, comprá materiali, ajudá poque eu num pude, mas eu ajudava eles. E até que hoje um deles formô, ele é, hoje ele é pedagogo. E os otu num formô não, mas estudô até o quarto ano trabaia de vigilante os otu três filho homi, trabalha de vigilante e trabalha de pedrero até hoje, todos três.*
(E) – *Hunrum*
(Sr) – *Quer dizer. Fez curso de vigilante passô né. E hoje eles ixerce essa profissão e trabalha de pedrero até hoje. E as filha mulher que são duas, essas são doméstica, nunca... Uma trabalhô fichado uns tempo ota nunca trabalhô, casô é trabalha na casa mermo, em casa dela mesmo.*
(E) – *E a sua esposa, ela sabe lê?*
(Sr) – *Sabe um poquinho, iguale eu mermo.*
(E) – *Ah, ele é igual o senhor estudo poco também?*
(Sr) – *Escreve o nome, lê alguma uma, né, faz uma continha poca, mas é poca coisa também.*
(E) – *Só uma pergunta os filho do senhor estudaram ni Goiás ou aqui em Brasília?*
(Sr) – *Começaram a estudá em Campinorte, aí depois lá tava um pocu atrasado pra eles, eles vei, viru pra cá por causo do estudo. Trabalha e estudá.*
(E) – *Ah, tá!*
(Sr) – *Então estudaru aqui.*

(E) – *Terminaru aqui.*

(Sr) – *Terminaru aqui! O que pôde terminá, os otu num terminô porque a situação num deu né?*

(E) – *Ah, tá!*

(Sr) – *Mas até o quarto ano eles fizeru, todos.*

(E) – *Então tá ok, seu M. essa entrevista vai ser redigida e ela poderá fazer parte de um livro, o senhor aceita publicar?*

(Sr) – *Que livu é?*

(E) – *O livro sobre a história de Brasília, A Brasília que não lê, da Universidade de Brasília?*

(Sr) – *Ah, sei! Pode, você que sabe se num é uma coisa que me prejudicá, num tem truta nenhuma né?*

(E) – *Então o senhor né?*

(Sr) – *Aceito!*

(E) – *Tá ok, obrigado?*

(Sr) – *Tá bem.*

Nessa última entrevista, vemos que o senhor que foi entrevistado, à época com 65 anos, era muito assíduo às atividades de sua congregação religiosa e tinha costume de ler a Bíblia. Essas informações, nos termos das categorias hymesianas, resumidas na palavra *speaking*, são relevantes na descrição do participante (p), dos fins e propósitos da comunicação (e), das instrumentalidades (i) e dos gêneros (g).

Vejamos a seguir outros bons exemplos de pesquisa etnográfica. Os primeiros são alguns dados de uma etnografia de comunidade conduzida por Eliana Maria Sarreta-Alves entre 2011 e 2013, no Programa de Assentamento Dirigido do Distrito Federal (PAD-DF), situado a cerca de 30 km da região metropolitana da capital do país, onde vêm se desenvolvendo rapidamente a agricultura mecanizada e o agronegócio e onde se implantaram unidades de agroindústria.

Sua pesquisa voltou-se para o levantamento do perfil do novo trabalhador rural confrontado com as necessidades de conviver com maquinarias sofisticadas e, consequentemente, com as exigências específicas de letramento.

A pesquisadora conduziu mais de 300 entrevistas com moradores da comunidade, na maioria jovens, que vivenciaram o processo de migração na busca de um melhor lugar para trabalhar. Seguem-se alguns excertos da fala de seus colaboradores que são autoexplicativos. Os nomes são fictícios.

1. *... não, eu num cunheço Brasília. A nossa capital, né? O que sei, é só de passagem. É bunito, muito bunito, né? Lá, eu sei, a vida é mais boa que aqui. Tem oportunidade de vencê. Ah, eu cheguei aqui e fiquei prantado no chão, igulalim esses pé de piqui. A gente mistura co'a terra, né? Mais, um dia, eu arregaço as manga e vô.* (Zeca, trabalhador rural – PAD-DF).

2. *... isso, aqui, não nasceu assim. Quando chegamos aqui, sabe? Era todo mundo na lida. Mulher, homem, criança, e não tinha a diferença dos empregados e a gente que era os donos da terra, quer dizer, a gente tinha a licença do governo pra plantá, né? E, foi trabalho, pra isso aqui ser chamado o cinturão verde do* DF. [...] *Daquela época pra cá, muita água passou debaixo da ponte. Foram muitas negociações, muitas reuniões com a* terracap *e mais ainda, muitas idas à Brasília. O que se vê, aqui, é uma terra construída, arrumada, planejada que precisou de muita tecnologia pra se tornar o cinturão verde que é hoje.* (Antônio, proprietário rural – PAD-DF).

3. *Eu e o Zeca trabaiano, sem gastá com aluguel e sem contá que o patrão era gente muito boa". "Agora, aqui, eu tô em casa. Tem tanto conhecido que veio pra cá, tanto parente. Meus mininu crescero bem. A gente até tem nossas festa, nossas reza, cê sabe, o jeitu que a gente foi criado.* (Trabalhadora da comunidade).

4. *A roça num é mais roça, num é, minha fia? Eu e o meu compadre sempre falamo, isso". Agora, os tratorzão faiz pra nóis.* (Zeca, trabalhador rural).

Recuperando a palavra mnemônica de Dell Hymes, *speaking*, podemos perceber como esses fragmentos da Etnografia conduzida na comunidade são reveladores do ambiente social (o "s" de "*setting*" e dos participantes "p"). As pessoas que vivem ali na sua maioria vieram de outras cidades, começaram exercendo atividades rurais tradicionais e contemporaneamente se veem na contingência de se habilitar a exercer novas atividades decorrentes das inovações tecnológicas. Em conclusão, observa a pesquisadora que na comunidade as pessoas são ligadas por laços de parentesco, relações pré-migratórias e de vizinhança e constata as mudanças que ocorreram em suas vidas em virtude das características de seu novo *habitat*, ressaltando, contudo, que há um grande fosso entre as necessidades de alfabetização funcional para aqueles indivíduos e a agenda da escola rural de Educação de Jovens e Adultos (EJA) que funciona ali. Esses temas serão retomados no capítulo "O impacto da Sociolinguística na educação".

O exemplo a que passarei provém da monografia de Maria Avelina de Carvalho, realizada entre 1987 e 1988 e voltada para a descrição dos modos de viver e de falar dos meninos de rua na cidade de Goiânia. Seu trabalho, inicialmente uma monografia destinada à dissertação de mestrado, na Universidade Federal de Goiás, acabou por tornar-se uma pungente narrativa sobre essa triste realidade das cidades brasileiras, as crianças que vivem nas ruas, e foi publicado em 1989 e, em segunda edição, em 1991. Não é raro que a pesquisa etnográfica conduza o investigador a lugares ou ambientes perigosos. A monografia de Maria Avelina de Carvalho é um caso extremo, pois ela conviveu durante muitos meses com os meninos de rua, que praticam crimes e são submetidos a violência de toda espécie. Nos fragmentos da narrativa etnográfica da pesquisadora, que vamos ler em seguida, podemos depreender essa realidade e perceber as dificuldades enfrentadas por ela, como pessoa humana, consternada diante dessa tragédia da vida nacional e, como pesquisadora, procurando manter a objetividade e preservar o seu trabalho.

1. [...] *Eu me sentei perto de um garoto negro, magro, fedido e ele logo veio me pedindo um "brau"... respondi que não tinha. Ele riu e novamente disse que era só pra nós dois e foi me mostrando um dedo sujo, queimado, e dizendo que era de cheirar e fumar "brau"* [...]. *O menino não se intimidou quando eu disse que não tenho nada daquilo. Continuou com seu saquinho de cola, cheirando aquela porcaria com voracidade, sem se preocupar com o que eu poderia representar. O pior é que cheirava aquilo perto de mim. Fiquei pensando que eu teria que observar as atitudes deles, mas na verdade eu ainda não sei como descrevê-las, mesmo sabendo que elas são importantes para o meu trabalho.* (9 de setembro de 1987).
2. *Digo isto baseada no que pretendo narrar posteriormente, tentando colocar aqui uma ordem cronológica dos fatos. Agora, porém, quero continuar falando a respeito do menino que cheirava aquela cola fedida o tempo todo sob o meu nariz e eu com dor de cabeça e querendo prestar atenção em tudo. O menino me olhava de forma que eu ainda não podia compreender, mas não me atemorizava. Hoje não senti medo de ninguém. Só repugnância.*
3. [...] *Estou sentada, familiarizada com aquele banco sujo, quando alguém chega devagar e me tampa os olhos.* [...] ... *Era o Serginho, rindo, com aquele cheiro de esmalte. Dei-lhe um beijo naquele rosto sujo e ele ficou abraçado comigo.* [...] *Estavam com o Serginho mais duas garotas diferentes e elas foram comprar*

comida. Pensei que não voltariam, pois cheiravam esmalte. Mesmo assim esperei e eis que trazem uma marmitex para os três. (12 de setembro de 1987).

4. *[...] O assunto do dia hoje era a respeito das torturas que todos os meninos sofreram na "vadiagem" e sobre a foto deles publicada no jornal e que trago comigo. O Luís Carlos, ou "passarinho" falava que era inútil prendê-lo, pois ele roubava mesmo, mas que "era só isso". Contava que sabe de todos os buracos imundos desta cidade, até o local onde a polícia recebe a grana e as muambas dos garotos e leva-os pra serem "cagoetados" não entendi direito por quem, mas pelo contexto, me pareceu que é pelos próprios meninos de rua.* (12 de setembro de 1987).

5. *Ele então conta que a polícia amarra as pernas e as mãos dos meninos em um pau que lhes é enfiado, sob os joelhos, tipo "pau de arara" e coloca um pano molhado, que é pra não deixar marcas, e liga no pescoço deles um aparelho que é igual a um telefone e dali saem choques elétricos. – Interessante que as narrativas não têm sequência lógica e intercalam outras coisas junto. Com isso fica mais difícil entender as relações dentro do grupo e fora dele. É preciso ficar ali, insistir. – Ao mesmo tempo em que contam sobre os choques, contam sobre os afogamentos dizendo que a polícia lhes amarra os pés, e as mãos e os leva para o córrego Meia Ponte e os deixa dentro d'água até quase morrerem afogados.*

6. *[...] Gravei a metade de uma fita de falas espontâneas. Ao ouvir a fita percebi um soluço forte, doído, feito de solidão e abandono. Um soluço mudo e que só eu tenha tido a oportunidade de ouvir e de registrar, e de nada poder fazer. O Serginho chorava porque se lembrava do que sua mãe havia lhe dito e queria levá-lo pra casa. Esse menino chorava um choro feito de uma tristeza profunda, pois desde ontem senti que ele estava diferente e triste. Eu senti a tristeza dele, mas*

não pude avaliar a extensão da solidão que ele carrega consigo preocupada com o meu trabalho, com a minha pesquisa [...]. (6 de outubro de 1987).

7. *[...] Eu e a Sandra líamos um texto quando um menino veio correndo e gritando desesperadamente: "Tia, corre, o Cledimar deu trelo." Na hora nem me perguntei o que pudesse ser trelo, só pensei que algo ruim havia acontecido e saí correndo. Não deu outra. O Cledimar estava deitado perto da água da fonte luminosa da Praça Cívica como morto. Perguntei o que eu poderia fazer e de repente eu me desesperei, pois pra mim o menino estava morrendo. Gritei a Sandra e os meninos me deram a maior bronca dizendo que se eu gritasse "viria muita gente e os gambé os levaria presos". Diziam que era assim mesmo, que depois ele melhorava, que o que havia acontecido, era que ele havia tomado muito Eritós e isso ia passar. Nessa hora entendi que dar trelo é um ataque de overdose.*

   Eu estava apavorada, e os meninos não me deixavam chamar uma ambulância, nem pedir nenhum socorro, e eu ficava ali parada, olhando aquele quadro deplorável e apavorada de medo do menino morrer. A Sandra fez respiração boca a boca no menino, que logo começou a reagir. Nessa hora insisti que ela continuasse e disse que não adiantava me pedir pra sair dali, que eu sairia só quando ele melhorasse e se isso não acontecesse, e pediria ajuda.

8. *Mesmo assim, observei que a linguagem deles naquele momento era o silêncio, a vigília, e, por mais que disfarçassem, eles também estavam com medo. Estavam com medo de o menino piorar, com medo de aparecer muita gente em volta do menino e chamar a atenção da polícia e com medo de serem levados presos. Compreendi que eles só permitiriam que eu chamasse alguém em último caso. Nesse momento eu me recuso a admitir que eles prefiram morrer a chamar um policial pra pedir ajuda pelo próprio medo que eles*

têm da polícia e porque, na verdade, todos estariam envolvidos. Senti também que o pavor que sentem faz parte do cotidiano deles e que pra eles tudo passa nada tem tanta importância a não ser a magia da rua, a cola, o esmalte, o Eritós e outras drogas, sem deixar que isso tome conta de minha narrativa.

9. *Pois muito bem. Agora não sei como escrever nada do que estou sentindo. Acho que jamais conseguirei falar ou contar pra alguém sobre isso. Sei que não esconderei nada, pois só agora meus olhos se enchem de lágrimas ao reviver este fato colocando-o no presente. Em um presente que sei, jamais será apagado da minha vida.*

10. *É domingo de Páscoa e isso deve significar muitas coisas pras pessoas. Até pra mim isso significou algo um dia, só que hoje tudo é sinônimo de miséria. É Páscoa, é Ressurreição, é morte e omissão. A vida é um saquinho de cola e um vidro de esmalte. A vida é até um trelo e uma gargalhada.*

11. *Fui pro mocó com as meninas e o Cledimar pediu pra ir e disse que queria que eu contasse estórias pra ele dormir. Eu pensei que qualquer história que eu contasse para aquele menino seria besteira e ignorei o desejo dele porque sou incapaz de contar qualquer história que supere a estória de vida dele e de todos os meninos. Devolvi a ele o pedido e disse que ele é que era um bom contador de histórias. Ele riu e não sei se compreendeu o que eu disse, mas eu tentei dizer a ele que quem sabia das coisas ali era ele, não eu.*

    As meninas me disseram que não íamos pro mocó das flores, mas pro mocó do barzinho. Eu não dizia nada. Já não estava com medo, mas preocupada, pois acontece de tudo nas ruas. Então me limitei a acompanhá-los e lá fui eu. Não sei bem o que eu sentia, sei que eu via, observava tudo com uma atenção gigantesca, pois não podia perder nenhuma emoção.

    O lugar onde deveríamos dormir e "dormimos" é logo ali na Avenida Tocantins bem de frente ao correio e me senti ali-

viada por estar por perto (não sei de quê). Lugar sujo, escuro. Logo eu tentei arrumar um papelão pra eu me deitar, na tentativa de fugir das cobertas sujas e fedidas que os meninos usavam. Porém não dei sequência ao meu plano, pois afinal eu deveria conviver com a cultura deles e não com a minha. Miséria agora virou cultura. A Rosinha estendeu no chão um cobertor imundo e disse pra eu me deitar em cima da minha bolsa, pois eu estava com o gravador e com a máquina fotográfica. Disse a ela que não estava com sono e que ficaria sentada um pouco, pois eram apenas 22h30. Alguém deu a ideia para que rezássemos e o Cledimar que é pequenino, deveria fazer a oração. Ele veio pra perto de mim como que querendo ajuda e eu o acompanhei na oração do Pai e Nosso. Eles queriam rezar pela alma do Izaías e eu achei lindo. Foi o Pai Nosso mais bonito que já rezei. Estavam todos tristes, mas dormiram logo.

Este capítulo é uma sequência do anterior, no qual foram introduzidos os princípios teóricos e a metodologia propostos por Dell Hymes para a Etnografia da comunicação. Com a finalidade de ilustrá-los, reproduzi fragmentos de pesquisas etnográficas recentes conduzidas no Brasil por Luciana Muniz, Iveuta Lopes, Arthur Lins, Eliana Sarreta-Alves e Maria Avelina de Carvalho.

Exercícios

Questão 01

Releia as entrevistas transcritas no capítulo e reflita sobre as características da fala dos entrevistados e entrevistadores. Faça uma lista dessas características e comente com seus colegas e professores.

Questão 02

As entrevistas incluídas no capítulo foram coletadas em diversas localidades: um município no interior de Goiás, um bairro de moradores de baixa renda em Teresina/PI, nas ruas de Goiânia e em cidades e área rural no Distrito Federal. Verifique que traços linguísticos são comuns à fala dos participantes, apesar de residirem em regiões distintas. Discuta isso com seus colegas e professores.

Questão 03

Você já visitou comunidades semelhantes às que foram locais das pesquisas mencionadas neste capítulo, onde você e seus colegas poderiam conduzir pesquisas etnográficas de natureza sociolinguística?

Questão 04

Você conhece outros trabalhos de etnografia de comunidade conduzidos no Brasil? Se sim, procure compará-los com as comunidades mencionadas no capítulo.

A herança da Antropologia Cultural 2: redes sociais e identidade

Vamos começar este capítulo lendo um fragmento da música "A cidadezinha da amizade!", de Mateus Karioka:

> Falado: Vou cantar para vocês uma história de uma grande alegria que vivi. No início achava até ruim, mas depois fui percebendo que é das coisas pequenas que se colhem grandes amigos!
> [...]
> Assim foi uns três anos naquela linda cidadezinha
> Aonde eu tinha amizade e muita boa companhia
> E tive quer vir embora, mas nunca vou me esquecer de lá
> Onde eu me reunia com os jovens e os velhos sempre pra cantar
> E vou ficando por aqui deixando minha mensagem.
> Que pra ter uma boa amizade não importa o tempo nem a idade.

Vimos nos dois capítulos anteriores como a tradição antropológica foi pródiga em transferir conceitos e emprestar paradigmas analíticos à Sociolinguística. Neste capítulo, vamos nos familiarizar com mais um legado da Antropologia cultural para os estudos sociolinguísticos, conciliando-o com dimensões teóricas oriundas da Psicologia social. O capítulo é dedicado aos estudos de redes sociais na Sociolinguística, suplementados pela teoria de acomodação, desenvolvida na área da Psicologia social (cf. Bortoni-Ricardo, 2011).

Uma rede social é concebida como o conjunto de vínculos de qualquer tipo que se estabelecem entre as pessoas de um grupo. A introdução desse conceito na tradição dos estudos sociais, iniciada na Antropologia, resultou da percepção de que as características desses vínculos podem ser muito reveladoras das identidades dos membros do grupo. É como diz o adágio popular: "Dize-me com que andas e eu te direi quem és".

São reconhecidas duas tradições nos estudos de rede, a Sociometria ou técnica da nomeação, mais empregada nos trabalhos de Psicologia Social (cf. Moreno, 1953), e a Antropologia Cultural (cf. Mitchell, 1969). Inicialmente, os estudos antropológicos de rede focalizaram comunidades pequenas. Barnes [1918-2010] em 1954 estudou as redes sociais em uma pequena comunidade de uma ilha norueguesa e foi o primeiro a estabelecer uma dicotomia entre a densidade das redes de tessitura miúda nesse tipo de comunidade e de tessitura larga em sociedades urbanas. Obtém-se o conceito de densidade examinando-se o úmero de vínculos reais como uma proporção do número de vínculos possíveis (cf. Bortoni-Ricardo, 2011: 91-93). Um importante achado que aflorou da noção de densidade é o reforço normativo. Como ficou ilustrado pela letra da música que abre este capítulo, do compositor Mateus Karioka, em comunidades de tessitura miúda, onde praticamente todas as pessoas interagem entre si, a pressão normativa é maior. Em comunidades de redes mais esparsas, de tessitura larga, a pressão normativa é menor, como explica Elizabeth Bott:

> Quando muitas pessoas que uma pessoa conhece interagem entre si, isto é, quando a rede apresenta uma tessitura miúda, os membros dessa rede tendem a alcançar consenso em relação a normas e exercem pressão informal consistente uns nos outros para se conformarem a essas normas [...]. Mas quando a maioria das pessoas que se conhece não interage entre si, isto é, quando a rede apresenta uma tessitura larga, há uma tendência para que se desenvolva maior variação de normas na rede. (Bott, 1957: 60, tradução da autora)

A Sociolinguística valeu-se do paradigma de redes para aprimorar a definição de uma comunidade de fala. Como vimos no quadro apresentado por Hymes, reproduzido no capítulo "A herança da Linguística Estruturalista: a heterogeneidade inerente e sistemática", a Linguística de orientação funcionalista problematizou o conceito de comunidade de fala que, no período estruturalista, era arbitrariamente equivalente ao território onde se falava determinada língua. A comunidade de fala passa a ser considerada como matriz de repertórios de códigos, ou estilos de fala (organização da diversidade), e para isso torna-se muito útil o levantamento de redes sociais, levando em conta a localidade comum e a interação primária, como proposto por Hymes. Além desse contributo, a compreensão da pressão normativa que emergiu da análise de redes sociais deitou luzes sobre uma questão crucial da Sociolinguística, qual seja, a manutenção das variedades ou falares de pouco prestígio ou, alternativamente, as mudanças nesses falares por influência da norma codificada como padrão.

O primeiro estudo de Sociolinguística a demonstrar isso taxativamente foi o de Lesley Milroy em 1980. Pesquisando uma comunidade proletária em Belfast, Irlanda do Norte, a autora chega à conclusão de que os membros da comunidade que tinham vínculos de parentesco na vizinhança, ou vizinhos no seu local de trabalho, ou ainda mantinham associações voluntárias com vizinhos e, portanto, exibiam redes de tessitura miúda, eram os que mais preservavam traços fonológicos da variedade local. Seu trabalho demonstrou ainda que, no interior de áreas urbanas de países industrializados, esse tipo de rede pode ser encontrado e exerce pressão contrainstitucional. É o que acontece com os indivíduos em Belfast imersos em redes de alta densidade. Baseados em Milroy, podemos inferir que redes esparsas de tessitura larga predispõem os falantes ao que Labov (1972a) apresentou como orientação para *status*. Por outro lado, redes densas de tessitura miúda criam uma resistência a valores dominantes, preservando a cultura e os falares locais, ou seja, implementando uma orientação para a identidade no contexto de uma ética de solidariedade (cf. Bortoni-Ricardo, 2011: 103).

Além do estudo clássico de Milroy, há que citar outras pesquisas sociolinguísticas que se apoiaram na análise de redes sociais. Como já vimos em capítulos anteriores desta obra, Labov (1972b) tinha interesse em demonstrar o caráter sistemático da variação, especialmente no chamado inglês negro, também referido hoje como vernáculo afro-americano. Dedicou-se, então, em 1965 a pesquisar a fala de meninos pertencentes a grupos de rua no Harlem em Nova York. Sobre o grupo *Jets*, ele diz:

> Se as pressões do grupo de companheiros são importantes na manutenção do vernáculo no seu estado uniforme presente e na resistência a pressões de outros dialetos, então aqueles que estão mais presos às normas do grupo deveriam demonstrar as formas mais consistentes do vernáculo. São os líderes dos grupos que estão mais diretamente governados por estas normas [...]. Podemos perguntar quais seriam as consequências linguísticas se desmembrarmos o grupo em líderes e seguidores, núcleo e periferia. (1972b, p. 274, tradução da autora)

Ele chegou a essas categorias por meio de questionários sociométricos, perguntando a cada jovem quais eram os seus principais companheiros. Com os resultados construiu diagramas sociométricos (Labov, 1972b: 227). A análise sociolinguística demonstrou que quanto mais imersos na estrutura do grupo, mais competentes eram os jovens no uso do vernáculo local. Labov esclarece:

> Membros do núcleo do grupo são claramente marcados pelo número de indicações recíprocas, variando de duas a oito; os membros secundários e periféricos têm apenas uma ou duas. Os membros secundários estão situados inteiramente na estrutura, onde têm um *status* inferior [...]. Membros periféricos, por outro lado, estão parcialmente distanciados do grupo porque são mais velhos, moram longe ou têm outros interesses [...]. Eles sofrem menos o controle do grupo e, portanto, podemos esperar que sejam menos dominados em relação ao seus padrões linguísticos. (1972b: 276, tradução da autora)

Os dois estudos que acabamos de ver exploraram a qualidade das relações internas em grupos urbanos monolíngues. Trataram, pois, da preservação ou mudanças de dialetos: socioeconômico, no caso de Milroy; étnico e social, no caso de Labov.

Devemos mencionar também estudos sociolinguísticos de rede, que se valeram do conceito de pressão normativa, em contextos bilíngues. Gumperz (1976) pesquisou a mudança do esloveno tradicional para o alemão no Vale de Gail, Áustria, e concluiu que o fator mais relevante na adoção do alemão, língua de mais prestígio, eram as relações interpessoais. As pessoas inseridas em redes de tessitura miúda eram as que menos tendiam ao deslocamento de sua língua tradicional.

Gal (1979) conduziu pesquisa semelhante em relação ao alemão e ao húngaro em Oberwärt, também na Áustria. Dependendo da estrutura de suas redes sociais, os falantes pleiteavam a mudança de seu *status* de camponês para operário e paralelamente estavam abandonando o húngaro em benefício do alemão.

No Brasil, o estudo de Bortoni-Ricardo (2011), conduzido na região administrativa de Brazlândia, DF, o de Sarreta-Alves (2013), dedicado à comunidade rural no PAD-DF, apresentado em capítulo anterior, e o de Mollica (2010) fazem uso de análise de redes para explicar a transição de moradores de áreas rurais para áreas urbanas, como consequência do fluxo migratório interno no Brasil.[19] Com base em indicações sociométricas, Bortoni-Ricardo elaborou dois índices, a saber:

1. de integração referente ao número de pessoas que indicavam o indivíduo como amigo,[20] considerando-se as indicações diretas, de primeira ordem, e as indiretas; e
2. de urbanização, em que foram trabalhados dados quantitativos relativos a cada indivíduo e aos membros de suas redes, em variáveis, como: tempo de residência em zona rural; melhorias na residência urbana; qualificação como mão de obra; nível de escolarização; mobilidade espacial; participação em eventos urbanos; exposição à mídia e conhecimentos sobre eventos e personalidades públicas (cf. Bortoni-Ricardo, 2005, caps. 8 e 9, e 2011).

Com base ainda nesses índices, foram identificados dois tipos de rede em que os migrantes de origem rural se inseriam: redes isoladas, constituídas por parentes, vizinhos e vínculos pré-migratórios, e redes integradas, territorialmente mais dispersas e mais heterogêneas. Esses índices foram correlacionados com variáveis sociolinguísticas produtivas no falar rural mineiro do repertório dos falantes em sua vivência anterior à migração.

Os resultados indicaram que os moradores inseridos em redes isoladas tendiam à preservação dessas variáveis sociolinguísticas, enquanto aqueles que já se situavam em redes integradas estavam mais avançados em um processo da difusão de seu vernáculo em direção a uma variedade urbana (para mais detalhes sobre esse estudo, ver Bortoni-Ricardo, 2011). Veja-se ainda que as mudanças linguísticas observadas são paralelas a mudanças na própria identidade que o indivíduo assume, ou seja, a identidade de um morador rural ou a identidade de um indivíduo urbano, já inserido nos modos urbanos de produção. Para ilustrar esse processo identitário reproduzimos aqui este trecho retirado de Bortoni-Ricardo:

> Foi em Brazlândia mesmo que ouvi um dito popular equivalente a muitos tratados de sociologia [e à teoria da acomodação]. Conversava com um de meus anfitriões, quando a prosa rumou para a questão de trabalho e empregos. Perguntei a ele se a esposa, ausente naquele momento, trabalhava fora. Ele me olhou muito firme e respondeu em seu mineirês: "A senhora sabe, em terra de sapo, de co'ca cu'eis" (em terra de sapo, de cócora com eles). Ele me explicou que no começo ela só trabalhava em casa. Mas depois foram vendo que aqui toda mulher trabalhava fora e ela também arrumou um emprego. (2011, p. 276)

Contemporaneamente, dado o grande impacto da cultura virtual na vida cotidiana, é conveniente incluir também as redes sociais on-line nos estudos sociolinguísticos. Um desses estudos é de Maria Cecília Mollica, com a colaboração das auxiliares de pesquisa Samara Moura e Thaís Pedretti – baseado em Mollica (2010) –, intitulado *Sobre contato e acomodação linguística em redes sociais on-line e off-line*. A pesquisa foi conduzida no Rio de Janeiro com migrantes nordestinos e partiu das seguintes perguntas, para as quais a análise dos resultados indicou respostas satisfatórias: (1) Os migrantes nordestinos se organizam em redes quando se instalam no Rio de Janeiro? (2) Quais as configurações das redes identificadas? (3) Há diferenças linguísticas em interações on-line e off-line? (4) Em que nível da língua se dá a acomodação? (5) Qual a natureza da variação residual dos migrantes? E mais: até que ponto a convivência entre migrantes de regiões rurais ou mesmo urbanas do Nordeste, com a população urbana do Rio de Janeiro, os leva a alterar seus modos de falar em um processo de acomodação à linguagem da comunidade envolvente?

A pesquisa fez o levantamento de algumas redes virtuais ou não virtuais que seguem representadas em sociogramas, reproduzidos de Marteleto (2006). A figura 1 indica o número de participantes e seus vínculos e o contexto social onde eles foram contactados. A figura 2 indica os contatos feitos on-line. Observam-se muitos participantes fora da rede.

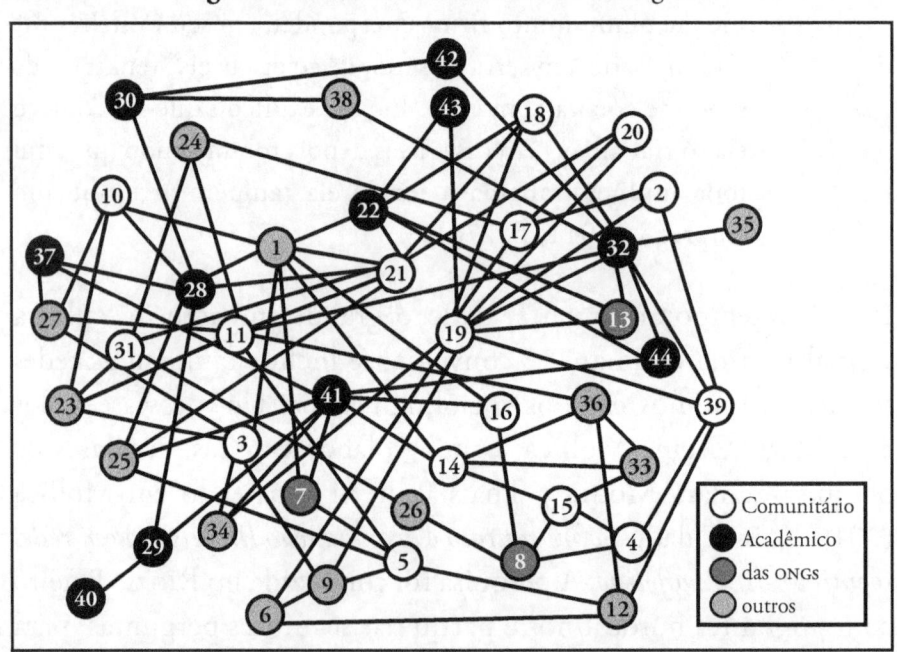

Figura 1 – Rede social de contatos – sociograma

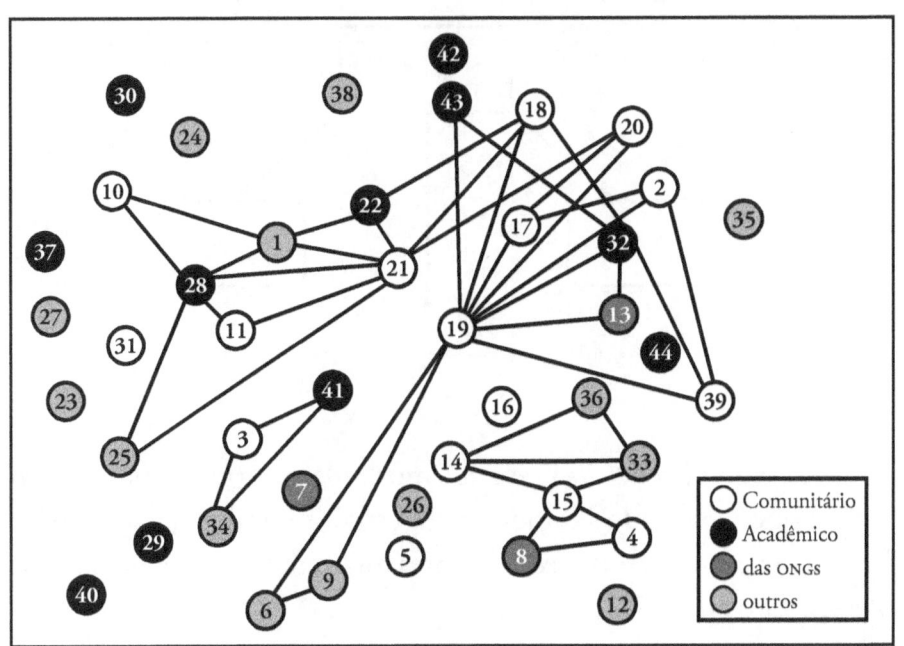

Figura 2 – Rede social de contatos – cliques

Nas figuras seguintes, temos a representação de redes menores que foram identificadas, de natureza familiar ou formadas por alunos da UFRJ. Observa-se que são redes abertas, com baixa densidade ou de tessitura larga. A pesquisadora as classificou como uniplex, uma vez que os seus membros são ligados por um único vínculo. Na literatura da área, redes uniplex (de baixa densidade) se opõem a redes multiplex (de alta densidade) (cf. Bortoni-Ricardo, 2011).

Figura 3 – Rede On-line 1 – Família da Barra da Tijuca – Pernambuco/Alagoas

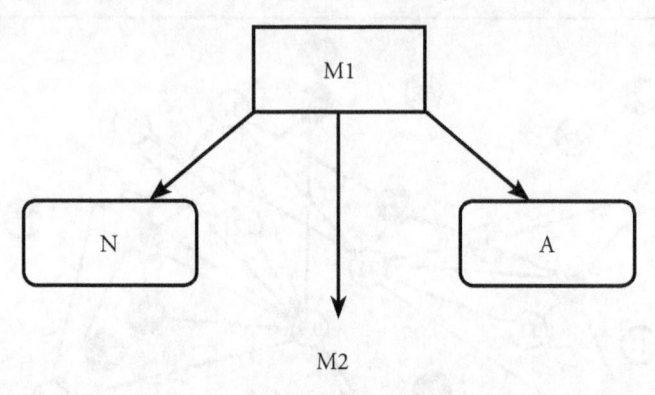

A segunda rede on-line aqui mostrada é formada por quatro amigas que vieram do Nordeste para estudar e trabalhar no Rio de Janeiro. As entrevistas dos seus falantes foram feitas por meio de MSN, Messenger e e-mail.

Figura 4 – Rede On-line 2 – Estudantes – Pernambuco/Alagoas

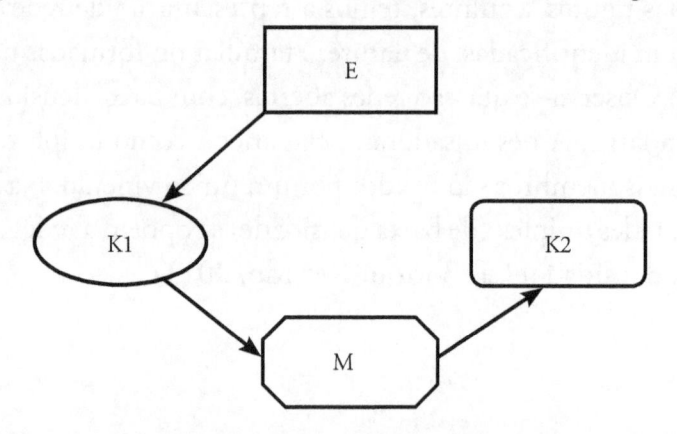

Mollica (2010) transcreveu algumas interações, a seguir, para ilustrar as características da fala dos participantes. Os trechos 1, 8 e 9 são de interação on-line; os demais são transcrições de entrevistas face a face:

Trecho 1:
(22:54) **E**... *Coronel: oi*
(22:54) **F1**: *oiii*
(22:55) **F2**: *tudo bem m??*
(22:55) **E**... *td e vc?*
(22:55) **F1**: *tudo ótimo!!*

Trecho 2:
E: *Então, Deusa, senhora é de onde?*
F: *São Luís do Maranhão*
E: *A Senhora veio pro Rio quando?*
F: *Desde 91 tô no Rio.*
E: *E por que a senhora veio pra cá?*
F: *É, vim. Primeiro veio meu marido, aí ele mandou me buscar, aí eu vim e tô aqui até hoje*
E: *E a senhora tinha filho lá já?*
F: *Já, três filhos, aí eles* vinheram *junto e* nós moramu *aqui até agora no momento*
E: *E quando a senhora chegou, a senhora teve dificuldade pra se adaptar, assim, pra conseguir um emprego, coisas assim, foi muito difícil?*
F: *Não, não foi tão difícil, não.*

Trecho 3:
E: *Tem muito irmão você?*
F: *Nove.* Famía *é grande* [risos]. *Só falta dinheiro na* famia.
E: *E você não se sentiu discriminado por causa do sotaque, por causa de ser nordestino?*
F: *Não, no início a gente foi, aí.* Os cliente *falava pra ela que a gente falava diferente e achava bobo, mas foi rápido. Porque lá aonde eu fui morá tem muita gente já e num...*

No trecho 1, observamos o domínio de convenções da escrita na internet. No trecho 2, há a ocorrência de "vinheram", que é residual, do falar pré-migratório. A forma "nós moramu" é um traço gradual encontrado em todo o português do Brasil. No trecho 3 a despalatalização da lateral palatal em "famia" também é um fenômeno rural/rurbano, próprio do falar pré-migratório.

A pesquisadora observa, com base nos trechos 8 e 9, que os migrantes têm consciência do contorno melódico de sua fala e do estigma que ela desperta.

Trecho 8:
F: *A bateria ta acabando. Se eu sair depois te respondo ok?*
E: *ok. Mas, então, pra terminar, e seu sotaque? quando vc chegou aqui no rio vc acha que foi, de alguma forma, discriminada por isso?*
F: *Na verdade eu fui pra Manaus. E la sim eu sofri bastante...*
E: *ah, sim... e depois vc veio pra cá, né?*
F: *Não, fui p Belem, depois Brasilia e por ultimo RJ.*
E: *e, nesse tempo que vc está no Rio, vc acha que já deu pra sua fala ser influenciada pela do Rio? Vc acha que já está falando que nem carioca?*
F: *Acho sim. Meu S mudou muuuiiittttoooo. Ate minhas amigas percebeu... Perceberam.*
F: *hahaha... acho que esse é o primeiro sintoma! E as gírias também né?*
E: *Isso, tipo: maneiro, caraca maluco.*

Trecho 9:
E: *Quanto ao sotaque, nesse meio tempo vc acha que sua fala já tem sido influenciada pela dos cariocas? Se sim, o que vc acha que mudou? E quanto às gírias? Vc já usa algumas gírias cariocas?*
F: *Acho que perdi um pouco do meu sotaque sim. Mas na vdd eu só sei disso qnd volto pra Maceió, pq por aqui é nítido que sou nordestina. haha Acho que está menos "cantado", somente. Porque as vogais abertas e todas as "girias" e trejeitos nordestinos permanecem. As vezes me pego falando uma ou outra giria carioca, mas é muito pouco.*

Como já previsto pela pesquisadora, a pesquisa concluiu que os participantes que se comunicam on-line, majoritariamente jovens com grau de escolaridade mais alto, apresentam menor emergência de traços de rurbanidade, se comparados às transcrições das entrevistas off-line, feitas com participantes mais velhos e com menor escolaridade.

Os estudos de rede aplicados à Sociolinguística beneficiam-se de teorias da área da psicologia social, em especial da teoria da acomodação, desenvolvida por Giles e associados (cf. Giles e Powesland, 1975). O termo *acomodação* se refere aos ajustes que o indivíduo faz em sua fala para assemelhar-se ao seu interlocutor. Segundo a literatura da área esse seria um processo de convergência. O oposto é o processo de divergência, quando o falante tem interesse em marcar sua identidade como distinta da identidade do interagente, um e outro processo motivado pela aferição que ele faz dos custos e benefícios no seu comportamento linguístico. Um bom exemplo de convergência linguística é a fala de um adulto com um bebê.

Em todos os estudos sociolinguísticos de redes sucintamente resenhados neste capítulo, fica uma pergunta: por que os falantes mudam (ou não mudam) os seus modos de falar? Certamente que uma reflexão que leve em conta as categorias avançadas na teoria da acomodação poderá ser útil na resposta à pergunta.

Finalmente convém ainda referir nessa questão a hipótese avançada pelo crioulista britânico Robert Le Page [1920-2006] para explicar a mudança linguística (1980/1975). O autor introduziu também os conceitos de focalização e difusão dialetais. A focalização refere-se à constituição de um falar reconhecido como uma entidade distinta, enquanto a difusão serve para identificar processo em que um falar vai-se mesclando com outros (cf. Bortoni-Ricardo, Velasco e Freitas, 2010).

Segundo Le Page, todos os falantes transitam por espaços sociolinguísticos e nesse processo introduzem em seu repertório regras que os possam aproximar dos grupos de referência com quem desejam identificar-se a cada momento. Pondera o autor, todavia, que o processo obedece a quatro condições:

1. Que o falante possa identificar os grupos modelos;
2. Que o falante tenha acesso a tais grupos;
3. Que o falante avalie o peso das motivações, às vezes conflitantes, em direção a um ou outro grupo modelo;
4. Que o falante tenha habilidade de modificar seu comportamento linguístico.

As condições 1 e 2 decorrem, principalmente, das redes sociais em que o falante esteja inserido. A condição 3 em parte também é dependente da morfologia da rede social do falante e implica que ele esteja orientado para uma ideologia de *status* ou, alternativamente, para uma ideologia de solidariedade ao seu grupo original. Além disso, é preciso que ele identifique bem o seu grupo de referência. Grupo de referência, segundo Berreman (1964: 232), pode ser entendido assim: "quando as atitudes e comportamentos de uma pessoa são influenciados por um conjunto de normas que ela pressupõe seja obedecido por outros, esses outros são para ela um grupo de referência".

A condição 4 está relacionada à rede de convivência do falante. Cabe aí observar, todavia, que as habilidades relacionadas aos modos prestigiados de falar são adquiridas de forma sistemática no processo de escolarização, tema que será discutido no próximo capítulo.

Neste capítulo, introduzi o paradigma de estudos de rede na perspectiva antropológica, enfatizando principalmente a relação entre as características das redes sociais e a pressão normativa que redes de densidade mais alta, também referidas como redes multiplex ou de tessitura miúda, exercem sobre seus membros. As pesquisas de Sociolinguística que se valem do paradigma beneficiam-se dele para explicar mudanças linguísticas no repertório das pessoas. A depender da conformação de suas redes, os indivíduos tendem a aderir a uma ideologia de *status* ou, alternativamente, a uma ideologia de lealdade ao grupo, inclusive aos seus modos de falar. Conceitos oriundos da psicologia social, especialmente a teoria da acomodação, são recursos ancilares nessa perspectiva de análise de mudança linguística. Neste capítulo, foram resenhadas sucintamente algumas pesquisas sociolinguísticas de rede.

Exercícios

Questão 01

Faça uma breve resenha das pesquisas sociolinguísticas de redes sociais apresentadas neste capítulo, enfatizando a questão da mudança ou manutenção de variedades ou línguas. Discuta sua resenha com seu professor e com seus colegas.

Questão 02

Faça uma pesquisa com questionários sociométricos em uma pequena comunidade rural, rurbana ou urbana, ou em uma instituição como uma escola, um hospital, uma academia, uma igreja, um clube etc. Em seu questionário sociométrico, poderá incluir perguntas como: 1. Quais são as três pessoas neste clube/grupo com quem você mais conversa? 2. Onde você se encontra com essas pessoas? 3. Que atividades vocês realizam juntos? Os dados obtidos na pesquisa poderão ser usados para uma análise etnográfica e/ou linguística do contexto estudado.

Questão 03

Procure músicas ou poemas que sejam ilustrativos de redes sociais de alta densidade (ou de tessitura miúda) e de baixa densidade (ou de tessitura larga) no Brasil e converse com os seus colegas sobre elas, identificando as características desses dois tipos de rede. São bem-vindos também os depoimentos sobre experiências vividas em comunidades dos dois tipos.

A Sociolinguística Interacional

Este capítulo introduz os fundamentos da Sociolinguística interacional e apresenta alguns dados analisados conforme esse paradigma. Como já vimos no capítulo "A Micro e a Macrossociolinguística", a par dos aspectos de natureza macrossociais, existe na Sociolinguística uma vertente voltada para a organização da interação comunicativa, para a qual muito contribuíram os estudos de Erving Goffman [1922-1982] e de John Gumperz [1922-2013]. Trata-se de vertente mais tardia que a Sociolinguística variacionista, ou mesmo que a Etnografia da comunicação, e que veio a se denominar Sociolinguística interacional.

Essa corrente guarda semelhanças com a disciplina que evoluiu da análise contextual e da Etnografia e foi denominada microetnografia, a qual se ocupa da "ecologia local e situada que ocorre entre participantes engajados em interações face a face, constituindo experiência social e histórica" (Garcez, 1997: 187).

Tanto John Gumperz quanto Erving Goffman enfatizaram a natureza sistemática e normatizada das interações face a face.

Para Goffman (2002/1964), um encontro social constitui-se de um sistema de ações mutuamente ratificadas, que preveem a distribuição dos turnos da fala e a estabilidade do foco de atenção (ver capítulo "A Micro e a Macrossociolinguística"). Esse autor também asseverou que a fala é socialmente organizada não apenas em termos de quem fala para quem em que língua, mas também como um pequeno sistema.

Um conceito seminal avançado por Goffman e desenvolvido em pesquisas sociolinguísticas é o de *footing*, que ele define como uma mudança em nosso enquadre de eventos; ou uma mudança no alinhamento que assumimos para nós mesmos e para com os outros presentes (cf. em Tannen e Wallat, in Ribeiro e Garcez, 2002). O alinhamento, conforme explicam Garcez e Ostermann (2002), pode ser físico, quando se leva em conta a posição do corpo do falante em relação a seu interlocutor, ou contextual, considerando-se a ratificação que os interagentes fazem uns dos outros.

Gumperz (1982) enfatiza igualmente a organização estrutural da interação. Postulou, além disso, uma metodologia microanalítica que pudesse captar a dimensão dinâmica no processo interacional.

De acordo com Figueroa (1994), a Sociolinguística interacional é um campo interdisciplinar caudatário de múltiplos avanços dos estudos sociolinguísticos, e que mantém laços com a Linguística suprassegmental e com a prosódia, empregadas na tradição dos estudos de coerência discursiva. John Gumperz a via dissociada da Etnografia da comunicação de Dell Hymes, a que ele aderiu em seus trabalhos iniciais, como o que já foi descrito no capítulo anterior, e da Sociolinguística laboviana que, para ele, não se detinham no comportamento individual, na comunicação face a face. A principal distinção que Gumperz faz entre a Sociolinguística interacional e a Sociolinguística laboviana é que a primeira apoia-se no pressuposto de que a interação humana é constitutiva da realidade social. Segundo esse pensador, a ordem, a estrutura etc. não são pré-determinadas, mas constituem-se na própria interação, baseadas em um conjunto complexo de fatores materiais, experenciais e psicológicos (cf. Figueroa, 1994: 113 ss.). A interação humana é, portanto, constitutiva dos papéis sociais, considerados como um conjunto de prerrogativas e de deveres em um determinado domínio social.

Sobre a especificidade da Sociolinguística interacional, John Gumperz, em 1996, estabeleceu uma fértil dicotomia entre "teóricos da ação ou conflito" e "teóricos da ordem". O autor se filia aos primeiros, para quem a interação é constitutiva da ordem social. Na segunda categoria, Gumperz inclui a Sociolinguística variacionista, segundo a qual as normas e categorias sociais preexistem e constituem parâmetros que influenciam os usos linguísticos. A teoria proposta por John Gumperz foi tratada também no capítulo anterior, "A herança da Antropologia cultural 2: redes sociais e identidade".

Ademais, a Sociolinguística interacional rejeita a separação entre língua e contexto social e focaliza diretamente as estratégias que governam o uso lexical, gramatical, sociolinguístico e aquele decorrente de outros conhecimentos, na produção e contextualização das mensagens. Para dar conta dessas estratégias, Gumperz (1982) cunhou o termo pistas de contextualização, definidas como qualquer traço presente no discurso que contribui para sinalizar as pressuposições contextuais, indicando aos participantes, no momento da interação, e posteriormente ao analista, se a comunicação desenvolve-se tranquilamente e se a intencionalidade está sendo bem transmitida e devidamente interpretada.

É instrutivo a esta altura conferirmos a definição que Pedro Garcez e Ana Cristina Ostermann (2002: 263) fornecem para o conceito pistas de contextualização, associando-as também às convenções de contextualização.

Traços ou constelações de traços presentes na estrutura das mensagens mediante os quais os falantes sinalizam e os ouvintes interpretam, entre outros, qual a atividade que está sendo ocorrendo, como o conteúdo semântico deve ser entendido e como cada elocução se relaciona ao que a precede ou sucede. São os traços que contribuem para a sinalização de pressuposições contextuais que podem ter várias manifestações linguísticas, dependendo do repertório, historicamente determinado, de cada participante, incluindo mudanças de código, dialeto e estilo, fenômenos prosódicos e escolha entre opções lexicais e sintáticas, expressões pré-formuladas e padrões de sequenciamento.

Estamos vendo, pois, que as propriedades dialógicas, segundo Gumperz, são negociadas pelos participantes, que realizam julgamentos quanto aos propósitos do interlocutor, que podem ser confirmados ou alterados, à medida que a interação evolui.

A teoria sociolinguística interacional procura dar conta das normas que presidem ao processo interacional, demonstrando que qualquer conversa que ocorre efetivamente na interação humana não se constitui de frases desconexas – pelo contrário, obedece a princípios de coerência interna. Uma influência importante na teoria foi o Princípio de Cooperação, proposto pelo filósofo da linguagem, Paul Grice [1913-1988] e organizado em quatro máximas, baseadas na filosofia de Kant (cf. Bortoni-Ricardo, 2005: 165 ss.).

A primeira dessas máximas, denominada máxima de quantidade, prevê que toda contribuição verbal seja tão informativa quanto for exigido para os propósitos interativos, nem mais nem menos. A segunda, de qualidade, prescreve que só seja dito o que o falante acreditar que seja verdadeiro; a terceira, de relação, recomenda que o falante seja relevante; e a última, que ele seja claro, evitando obscuridade, ambiguidades e prolixidade. Na teoria de Grice (1975), tais máximas teriam caráter universal, mas sua aplicação ao discurso está, naturalmente, sujeita a normas socioculturais. Além disso, o próprio Grice reconhecia que outras máximas, estéticas ou de polidez, poderiam ser acrescentadas àquelas quatro básicas que implementam o Princípio de Cooperação. Podemos ver que as máximas griceanas guardam semelhança com o conceito de aceitabilidade proposto por Goodenough e já discutido neste livro em capítulos anteriores.

No diálogo que compõe a música de Paulinho da Viola, a seguir, podemos ver claramente como as propriedades dialógicas a que Gumperz se referia, bem como as máximas postuladas por Paul Grice governam as interações:

Sinal fechado

– Olá! Como vai?
– **Eu vou indo. E você, tudo bem?**
– Tudo bem! Eu vou indo, correndo pegar meu lugar no futuro... E você?
[...]
– Quanto tempo!
– Pois é, quanto tempo!
– Me perdoe a pressa, é a alma dos nossos negócios!
– Qual, não tem de quê! Eu também só ando a cem!
– Quando é que você telefona? Precisamos nos ver por aí!
– Pra semana, prometo, talvez nos vejamos... Quem sabe?
[...]
– O sinal...
– Eu procuro você...
– Vai abrir, vai abrir...
– Eu prometo, não esqueço, não esqueço...
– Por favor, não esqueça, não esqueça...
– Adeus!
– Adeus!
– Adeus!

O diálogo, que se passa entre os condutores de dois carros parados no semáforo, inicia-se com uma saudação. O turno de fala de uma saudação suscita outra saudação, como resposta, uma e outra previstas na cultura dos interagentes. Os dois turnos em sequência formam um par adjacente, termo usado na literatura técnica da Sociolinguística interacional. O turno "Quanto tempo!" é interpretado como "Há quanto tempo não nos vemos" e o interlocutor o reitera: "Pois é, quanto tempo!". Em seguida, o outro interagente se vale de um adágio popular: "Me perdoe a pressa, é a alma dos nossos negócios!", querendo já deixar consignado que a conversa seria breve. Vemos aí a dicotomia que Grice estabelece entre o que se diz e o que se quer dizer.

Como o turno se estruturou em torno da forma verbal "perdoe", o ouvinte declara indiretamente que nada há a perdoar, pois ele também anda "a cem", expressão idiomática que significa "cem quilômetros por hora". Continuam a trocar turnos polidos, próprios de um encontro casual de velhos amigos, até que um diz: "Vai abrir, vai abrir...". Esse turno é dêitico porque remete ao contexto, e permite aos interagentes entender que o sinal de trânsito, que estava fechado, vai abrir. Trata-se novamente de um ato de fala indireto, cuja força ilocucionária é: "Temos de nos apressar". Novamente vemos a dicotomia entre o dizer e o querer dizer. O diálogo se fecha com um par adjacente de despedida, e um terceiro turno em que um dos participantes reitera o adeus.

Os turnos trocados são muito rápidos, nem poderia ser diferente naquelas circunstâncias, mas há perfeita compreensão de parte a parte porque os amigos partilham das mesmas normas culturais e desenvolvem processos de inferenciação, à medida que se saúdam, criando o que Gumperz denominou de envolvimento. Observe-se também no diálogo o ritmo e a sincronia conversacional. A sincronia, para Gumperz, resulta do compartilhamento de normas sociais. Por isso, na conversa entre duas pessoas com antecedentes culturais muito diferentes, como no caso de dois estrangeiros, a sincronia pode ser dificultada, resultando também em dificuldades na construção de inferências e na compreensão mútua.

Na teoria de John Gumperz, as inferências criadas a partir do que é dito podem ter caráter geral, global, ou podem ser locais. A referência ao sinal de trânsito no diálogo que vimos caracteriza uma inferência local. Vejamos um exemplo de uma inferência global na conversa de dois adultos:

> – *As eleições este ano poderão ser difíceis para o governo.*
> – *É a situação da economia!*

Aparentemente não há relação entre os dois turnos, no entanto os interagentes interpretam a resposta como: – O governo poderá ter problemas em eleger os seus candidatos porque a economia não vai bem, realizando uma inferência de natureza global, pois não dependeu de apoio contextual.

Bortoni-Ricardo (2005, cap. 14) propõe uma metodologia para a análise de estratégias de comunicação, organizando-as em cinco grupos de categorias, que foram revistas para a presente publicação:

1. Características estruturais e comunicativas do evento
    1.1 Gêneros discursivos
    1.2 Papéis sociais
    1.3 Exercício e a negociação do poder
2. Processo interpretativo
    2.1 Pressuposições contextuais
    2.2 Informação básica ou de *background*
    2.3 Inferências ou mecanismos usados para negociar a interpretação
    2.4 Avaliação ou modo como os participantes se dirigem reflexivamente à atividade que está sendo constituída

3. Uso da língua ou práticas verbais
   3.1 Organização do raciocínio lógico
   3.2 Recursos de metalinguagem
   3.3 Tarefas comunicativas ou tipos discursivos: narração, justificação, enfatização, argumentação, descrição etc.
   3.4 Recursos suprassegmentais: entoação, ritmo, intensidade
4. Regras dialógicas
   4.1 A tomada do turno
   4.2 Início, sobreposição, conclusão
   4.3 Recursos fáticos: atenuação ou mitigação
   4.4 Regras de polidez
   4.5 Conflito
5. Linguagem não verbal
   5.1 Proxêmica
   5.2 Postura
   5.3 Decoração facial
   5.4 Gesticulação

Para ampliarmos nossas informações sobre Sociolinguística interacional, vejamos mais um exemplo de um episódio comunicativo, gravado em uma sala de aula, por Iveuta Lopes, em uma quinta série de escola pública em Brasília, em 1990 (Bortoni e Lopes, 1991). Mas não vamos proceder a uma microanálise, contudo. Procuramos apenas exemplificar algumas das categorias que acabamos de revisar.

Análise interacional em sala de aula, 5ª série, escola pública, DF:

> A Professora (P) dependurou um mapa-múndi sobre o quadro negro, distribuiu um texto mimeografado e anunciou que iam ler sobre as "Invasões holandesas". Em seguida dividiu a classe em dois grupos, que se aproximaram sucessivamente do mapa para identificar ali os Países Baixos. Depois se acomodaram nas carteiras.

1. **P.** *Pera aí, só um minutinho. Presta atenção. Isso aqui é muito importante. Olha aqui. Qual era a participação dos comerciantes holandeses (xxx)*
(Uma aluna boceja)
2. **A.** *(Aluno)*   [o transporte]
3. **P.** *O que eles financiavam? A empresa açucareira*
4.   [transporte]
5. **A's**   [transporte]
6. **P.** *Pera aí, não, vamos devagarinho. O que eles financiavam aqui no Brasil? Dessa produção açucareira. O que eles financiavam?*
7.   [o transporte]
8. **P.** *Não, o transporte (xxx) tá?*
9. **A.**   terra.
10. **P.** *(xxx) tá. Não.*
11. **A.** *madeira.*
12. **A.** *Pessoas pra trabalhar.*
13. **A's** *Cana de açúcar.*
14. **A.** *Mão de obra.*
15. **P.** *Pra ter a terra. Pra ter a cana de açúcar. Precisa de ter o quê?*
16.   [mão de obra].
17. **P.** *Pra ter a terra. Pra ter a cana de açúcar. Precisa de ter o quê?*
(Alguém abre a porta e permanece ali)
18. **A's** *Mão de obra.*
19. **P.** *Pra ter a mão de obra. Também precisa ter o quê?*
20. **A.** *Pessoas pra trabalhar.*
21. **A's** *(xxx)*
22. **P.** *Sim, pes so.as para trabalhar, a mesma coisa de mão de obra.*
23. **A.** *Qual a pergunta mesmo, professora?*

Estamos diante de um exemplar de gênero discursivo oral, uma aula em que a professora está apresentando um conteúdo novo de história do Brasil a uma classe de alunos do quinto ano do ensino fundamental, e interagindo oralmente com eles. Como o clima disciplinar é bastante ruim (xxx indicam barulho de vozes sobrepostas), ela tem muita dificuldade de ratificar-se como falante primária, não obstante estar investida de um papel social, o de professora, que lhe deveria assegurar algumas prerrogativas, como a de introduzir os tópicos, iniciando-os e concluindo-os, conduzir a discussão, distribuir turnos e definir a duração dos episódios interacionais.

No esforço para conseguir comunicar-se, transmitindo as informações que se propôs a transmitir, atingindo assim os objetivos de sua tarefa comunicativa, a professora lança mão de muitos recursos, conduzindo um processo penoso de negociação de poder, conforme veremos a seguir.

O tema a ser apresentado é novo para os estudantes, ou seja, os conhecimentos de *background* de que eles se podem valer são tão somente os referentes à sua competência em língua portuguesa e seu traquejo na cultura local, pois aparentemente não conseguem aduzir nenhum conhecimento de história do Brasil que lhes facilitasse a interpretação das mensagens e a elaboração de inferências.

Já no turno (1), a professora usa dois recursos, em linguagem coloquial, para solicitar o turno ("Pera aí um minutinho", "Olha aqui"), e em seguida avalia a informação como muito importante. Só então apresenta a pergunta. Nesse momento, uma aluna boceja, o que é uma evidência não verbal da dificuldade que a professora tem de ser ratificada.

No turno (3), refaz a pergunta, com outras palavras, acrescentando mais informação ("a empresa açucareira"). Vemos aí um mecanismo para negociar a interpretação. As respostas que obtém nos dois turnos seguintes, contudo, não atendem à sua expectativa. Em (4), um aluno experimenta uma resposta, que é ecoada pelos demais em (5).

Em (6), ela insiste, mitiga a sua fala, usando um diminutivo ("Vamos devagarinho"). Seguem-se oito turnos em que o diálogo não avança na direção esperada pela professora. As condições do contexto não favorecem a sincronia conversacional; o ritmo é todo interrompido e disfluente. Em vez de sincronia, o que se observa é a instauração do conflito, em vários momentos, com vozes sobrepostas (indicadas pelos colchetes [ ]) ou algazarra (indicada pelos xxx).

Em (15), ela faz um a nova tentativa, sem melhor resultado. Em nenhuma sequência, observa-se um par adjacente (pergunta-resposta) coerente, que seria uma evidência de que o grupo estaria desenvolvendo um raciocínio lógico.

Nos turnos seguintes, a professora usa vários recursos, no esforço para obter êxito: recursos não verbais, pois se aproxima dos alunos, caminha, procura compensar a baixa estatura esticando o pescoço, gesticula, faz contato de olhos com um ou outro aluno a quem se dirige (como se pôde ver no vídeo da aula); recursos suprassegmentais, pois sobe o tom de voz ou repete palavras, escandindo as sílabas; recursos de metalinguagem e de polidez, quando ratifica as respostas ("Sim, pes.so.as para trabalhar, a mesma coisa de mão de obra").

Finalmente, em 23, ela tem a confirmação de que a comunicação pretendida não se efetivou.

Este capítulo foi dedicado à Sociolinguística interacional. Examinei a contribuição de dois pesquisadores a essa área: John Gumperz e Erving Goffman e do filósofo da linguagem, Paul Grice. As categorias por eles postuladas foram empregadas na análise de um diálogo contido em uma música do compositor Paulinho da Viola. Também apliquei categorias próprias da Sociolinguística interacional à análise de um episódio de sala de aula. Embora esses não tenham sido exemplares de microanálise, foram usados para ilustrar as categorias propostas pelos autores mencionados, pioneiros na implantação do paradigma.

Exercícios

Questão 01

Escreva um texto de aproximadamente duas páginas sobre os fundamentos históricos da Sociolinguística interacional, apoiando-se nas informações deste capítulo. Faça pesquisas suplementares sobre os autores mencionados. Vá também a Ribeiro e Garcez (2002) e a Pereira et al. (2009).

Questão 02

Grave uma conversa face a face entre duas pessoas, transcreva-a e analise-a usando categorias descritas neste capítulo.

Questão 03

Faça o mesmo previsto na questão anterior com um *corpus* gravado em sala de aula ou em outro contexto em que haja interação entre falantes que assumem o piso de fala e uma audiência formada por vários interlocutores.

O impacto da Sociolinguística na educação

Como foi discutido em vários capítulos deste livro, a Sociolinguística é uma ciência que nasceu preocupada com o desempenho escolar de crianças oriundas de grupos sociais ou étnicos de menor poder econômico e cultura predominantemente oral. Seu desenvolvimento foi pautado por dois princípios: o relativismo cultural e a heterogeneidade linguística inerente e sistemática.

Segundo o relativismo cultural, nenhuma língua ou variedade de língua, em uso em comunidades de fala, deveria ser considerada inferior ou subdesenvolvida, não obstante o nível da tecnologia ocidental que aquela comunidade tenha alcançado. Já a heterogeneidade inerente e ordenada, que está na raiz da Sociolinguística, postula que toda língua natural é marcada pela variação, a qual não é assistemática. Pelo contrário, os recursos de variação, que toda língua natural oferece, estão sistematicamente organizados em sua estrutura e contribuem para tornar a comunicação entre os falantes mais produtiva e adequada (ver o capítulo "A Sociolinguística: uma nova maneira de ler o mundo").

Denominei Sociolinguística educacional o esforço de aplicação dos resultados das pesquisas sociolinguísticas na solução de problemas educacionais e em propostas de trabalho pedagógico mais efetivas. Para isso, o paradigma incorpora resultados de estudos sociolinguísticos quantitativos e qualitativos, enriquecendo-os com subsídios oriundos de áreas afins, como a pragmática, a linguística do texto, a linguística aplicada e a análise do discurso.

O Brasil, além dos problemas seculares de deficiência na educação, desenvolveu novos problemas decorrentes de falácias construídas por leituras aligeiradas dos próprios textos técnicos da área de Sociolinguística. A principal delas é a crença de que não deveriam os professores intervir na correção dos chamados erros gramaticais (cf. Bortoni-Ricardo e Oliveira, 2013: 45-62). Os linguistas diziam: as variantes não padrão presentes na língua não são erros, mas, sim, diferenças, mais produtivas na modalidade oral da língua e em estilos não monitorados. A escola concluiu erroneamente que, não sendo essas variantes erros, não deveriam ser corrigidas sob pena de se criar insegurança linguística nos alunos. Esse raciocínio, que se generalizou na escola brasileira, desconhece que:

1. Qualquer enunciado linguístico tem de ser adequado ao contexto em que é produzido, considerando-se o local, o tema da conversa e, principalmente, as expectativas do interlocutor. É sempre bom lembrar que o interlocutor é contexto para o falante (cf. Erickson, 2004);
2. Há diferenças intrínsecas entre as modalidades oral e escrita da língua no que concerne à formalidade;
3. O conceito de aceitabilidade, proposto por Goodenough (1957), tem de ser levado em conta, conforme exposto no capítulo "Tradição da Antropologia cultural: Dell Hymes e a Etnografia da comunicação". Esse antropólogo associava cultura aos modelos que as pessoas têm em mente

para perceber, relacionar e interpretar o que as cerca. No Brasil, a gramática herdada de Portugal e descrita nos compêndios escolares é socialmente muito valorizada e está arraigada na mente dos brasileiros, condicionando suas interpretações.

São comuns, nas redes sociais da internet, críticas ao que a sociedade em geral considera "erros de português". Vejamos uma dessas críticas:

> A atriz, fulana de tal, irmã de dois cantores, utilizou sua conta na rede de compartilhamento de fotos Instagram para postar uma mensagem na noite deste sábado (9). Porém, a frase possuía erros de português. "Depois de um conserto, por mais que não veja, a cola esta lá (sic)", escreveu.

Os alunos que não receberem avaliação de seus professores quanto ao que falaram ou escreveram, respeitando (ou não) os preceitos gramaticais consagrados e louvados no Brasil, estarão sujeitos a críticas e estigma social. Têm os professores, portanto, de ficar alerta à produção linguística de seus alunos em sala de aula promovendo os ajustes necessários, de forma sempre muito respeitosa, nos termos de uma pedagogia culturalmente sensível.[21]

Neste capítulo dedicado à Sociolinguística educacional, convém mencionarmos os estágios que William Labov postulou para a aquisição do inglês padrão em Nova York (1974/1965: 63-64):

1. O estágio da gramática básica normalmente atingido sob a influência linguística dos pais;
2. O estágio do vernáculo, nos anos da pré-adolescência, entre 5 e 12 anos, no qual a influência do grupo de amigos e companheiros se sobrepõe à influência dos pais;

3. O estágio da percepção social iniciado na adolescência, quando o significado social do dialeto dos amigos torna-se mais evidente;
4. O estágio da variação estilística, quando o indivíduo começa a aprender a modificar sua fala em direção ao standard de prestígio em situações formais;
5. O estágio do standard consistente mantido por períodos mais longos;
6. O estágio da completa consistência em uma amplitude de estilos apropriados para várias ocasiões.

Para a aplicação dos subsídios da Sociolinguística a questões educacionais, Bortoni-Ricardo (2005: 130-3) elaborou alguns princípios que reproduzo aqui:

1. A influência da escola não deve ser procurada em estilos coloquiais e espontâneos dos falantes, mas em seus estilos mais monitorados;
2. A escola deve ocupar-se principalmente das regras variáveis que recebem avaliação negativa na sociedade, enfatizando as que são mais salientes;
3. O estudo da variação sociolinguística no Brasil, por não estar essa variação associada basicamente à etnicidade, exceto no caso das comunidades indígenas bilíngues, não tem o potencial de conflito interétnico que assume em outras sociedades. Conduzido com sensibilidade e respeito esse estudo pode ser muito positivo;
4. Os estilos monitorados da língua devem ser reservados à realização de eventos de letramento em sala de aula. Eventos de oralidade podem ser conduzidos em estilos mais casuais;

5. A descrição da variação da Sociolinguística Educacional não deve ser dissociada da análise etnográfica de sala de aula, que permite avaliar o significado que a variação assume para os atores naquele domínio, particularmente a postura do professor diante de regras não padrão da língua;
6. É importante que professores e alunos tenham uma conscientização crítica de que a variação linguística reflete desigualdades sociais. Essa reflexão vai promover o empoderamento do professor.

O analfabetismo está na raiz de todos os grandes problemas sociais no Brasil. É um mal praticamente tão antigo quanto o próprio país, e infenso às diversas campanhas de alfabetização que surgiram como parte de políticas educacionais, principalmente a partir da segunda metade do século XX. A taxa de alfabetização no Brasil é uma das mais baixas do mundo, mesmo considerando apenas os países do Hemisfério Sul, conforme veremos a seguir.

O Relatório de Desenvolvimento Humano de 2001 das Nações Unidas informa que 55% dos países do mundo apresentam melhor desempenho na alfabetização que o Brasil. Na América Latina, 72% dos estados nacionais têm taxa de analfabetismo menor que a brasileira.

Em janeiro de 2010, a Unesco divulgou o índice de desenvolvimento da educação de 128 países, no qual o Brasil ocupa a 88ª posição, perto de Honduras, Equador e Bolívia e longe dos vizinhos Argentina (38ª), Uruguai (39ª) e Chile (51ª).

Segundo o censo de 2011 do IBGE, quase 30% dos brasileiros com mais de 65 anos não sabem ler nem escrever. É um problema que atinge 14,6 milhões de pessoas. Seguem-se quadros abrangendo todas as faixas etárias, a partir dos dez anos, com os resultados de 2000 e 2010.

Analfabetos no Brasil com 10 anos
ou mais (%) por área de residência

2000		2010	
Rural	Urbano	Rural	Urbano
27,7	9,6	21,2	6,8

Analfabetos no Brasil com 10 anos ou mais (%) por gênero

2000		2010	
Homens	Mulheres	Homens	Mulheres
13,2	12,5	9,4	8,7

Analfabetos no Brasil com 15 anos
ou mais (%) por área de residência

2000		2010	
Rural	Urbano	Rural	Urbano
29,8	10,2	23,2	7,3

Analfabetos no Brasil com 15 anos ou mais (%) por gênero

2000		2010	
Homens	Mulheres	Homens	Mulheres
13,8	13,5	9,9	9,3

Estamos vendo que os números do analfabetismo no Brasil ainda são alarmantes, mas se pode esperar que a democratização da mídia eletrônica poderá contribuir gradualmente na solução desse problema. Conversando informalmente com uma senhora de pouca escolaridade, ela me contou, animada, que agora tem acesso a um canal pago de TV que exibe filmes. Está gostando porque está aprendendo a ler mais rapidamente, já que tem de ler as legendas. Esse é um bom exemplo de prática contemporânea de letramento no Brasil.

Para concluir o capítulo, vamos arrolar tarefas voltadas para o ensino de português como língua materna, na educação básica desde as séries iniciais. Essas tarefas podem ser subsidiadas pelos estudos da Sociolinguística.

1. Tarefas para o professor de início de escolarização (cf. Bortoni-Ricardo, Machado e Castanheira, 2010).
    1.1 Desenvolver recursos para facilitar a integração entre os conhecimentos de língua oral que os alunos trazem consigo para a escola e as competências de leitura, escrita e oralidade que vão adquirir ou aprender;
    1.2 Atentar para a transição dos modos de falar para os modos de escrever e ler e refletir sobre as convenções da língua escrita, inclusive pontuação;
    1.3 Organizar o tempo pedagógico e o planejamento do ensino e elaborar jogos e brincadeiras adequadas ao ensino e aprendizagem da língua portuguesa;
    1.4 Identificar as qualidades de um bom livro didático para o trabalho com a língua portuguesa levando em conta a série escolar em que atua e organizar o uso da biblioteca escolar e das salas de leitura;
    1.5 Relacionar as dificuldades de hipossegmentação e de hipersegmentação das palavras pelos alunos aos padrões acentuais dos vocábulos fonológicos e grupos de força. O vocábulo fonológico é uma sequência de palavras no interior de um grupo de força pronunciadas sem pausa. Os alfabetizandos percebem o vocábulo fonológico como uma unidade e tendem a grafá-lo sem espaço entre as palavras, o que é chamado de hipossegmentação (Ex.: "mamãe euteamo"). Também pode ocorrer a hipersegmentação (Ex.: "para que eu poça em sina outra pessoa"), (ver Mattoso Câmara, 1978: 132);

1.6 Relacionar a alofonia das vogais médias /e/ e /o/ ao padrão acentual dos vocábulos fonológicos e grupos de força;

1.7 Relacionar a tendência a sílabas abertas na língua oral à perda das letras equivalentes aos segmentos consonânticos em posição pós-vocálica na escrita, inclusive a desnasalização (cf. Bortoni-Ricardo, 2004, cap. 7);

1.8 Identificar vogais e ditongos nasais e nasalizados e relacionar convenções na grafia de ditongos nasais ao padrão acentual da palavra; particularmente no caso do ditongo /ãw/;

1.9 Identificar fonemas consonânticos e vocálicos que têm duas ou mais representações gráficas /s/; /e/ e identificar letras que representam mais de um fonema "x"; "c";

1.10 Distinguir entre as regras variáveis no repertório dos alunos as que têm caráter regional das que têm caráter idiossincrático e elaborar estratégias pedagógicas para o trabalho com a variação linguística: regional; social e funcional;

2. Tarefas para professores do ensino básico: estratégias para trabalhar as seguintes regras variáveis que têm consequências na coesão textual.

    2.1 Mecanismos de coesão frásica da língua oral e da língua escrita (topicalização do sujeito; verbos haver e fazer impessoais; regras variáveis de regência verbal e de concordância nominal e verbal; regras variáveis de interrogação e do uso de relativas);

    2.2 Mecanismos de coesão temporal e referencial (simplificação da flexão modo-temporal; variação na morfologia verbal; neutralização dos pronomes sujeitos e objetos; apagamento do pronome objeto; supressão dos clíticos; formas variantes do pronome de primeira pessoa do plural; construção de cadeias anafóricas).

3. Tarefas voltadas ao desenvolvimento da competência leitora (cf. Bortoni-Ricardo; Machado e Castanheira, 2010).[22]

Bloco 1: Recuperação de informação
1. Localizar informações literais em textos contínuos (narração, exposição, descrição, argumentação, instrução, hipertexto etc.) e não contínuos (gráficos e quadros, tabelas, diagramas, mapas, formulários, folhetos de informação, peças publicitárias, comprovantes, certificados etc.);
2. Localizar informações explícitas em textos contínuos e não contínuos, reconhecer o assunto do texto, reconhecer a finalidade do texto, identificar textos de circulação social, realizar inferências de pouca complexidade;
3. Integrar informações entre texto contínuo e texto não contínuo;
4. Integrar informações entre dois textos não contínuos;
5. Integrar informações entre dois ou mais textos contínuos;
6. Reconhecer a organização de informações em textos contínuos e não contínuos;
7. Relacionar informação dentro de um mesmo texto;
8. Encontrar informações para contrastar informações fornecidas no texto com a visão pessoal de mundo.

Bloco 2: Interpretação
1. Inferir um ponto de vista;
2. Inferir uma relação intencional;
3. Entender a função dos elementos em textos não contínuos (diagrama, gráfico, tabela);
4. Identificar o objetivo de um autor em um texto;
5. Estabelecer relações lógico-discursivas;
6. Identificar a intenção do autor em texto argumentativo;
7. Distinguir fato de opinião;

8. Desenvolver uma hipótese coerente com a informação dada;
9. Comparar textos;
10. Reconhecer o cenário de uma história;
11. Deduzir o significado do titulo de um texto literário a partir do contexto;
12. Dar uma opinião sobre as atitudes de um personagem no texto e justificá-la;
13. Identificar a motivação/intenção de um personagem;
14. Perceber nuances na linguagem que realçam a interpretação;
15. Identificar elementos que sustentem um ponto de vista;
16. Entender a ideia principal de um texto;
17. Entender a ideia principal de parte de um texto;
18. Inferir a relação entre uma sequência de fatos;
19. Reconhecer a ideia principal de um texto quando as ideias estão contidas nos subtítulos;
20. Inferir a razão para uma decisão do autor;
21. Distinguir ideia principal das secundárias;
22. Integrar várias partes do texto;
23. Aplicar critérios dados em um texto a outros casos;
24. Reconhecer o objetivo de um texto;
25. Formar generalizações;
26. Integrar notas com texto principal.
27. Utilizar o conhecimento e a experiência pessoal para formular uma hipótese que seja coerente com informações fornecidas por um texto;
28. Associar informações e chegar a conclusões.

4. Tarefas voltadas ao desenvolvimento de estratégias da produção escrita

4.1 Preparar a produção de texto com leituras e discussões orais;
4.2 Incentivar os alunos a produzir textos orais anteriores aos escritos;
4.3 Estimular a intertextualidade, variando os gêneros textuais que serão produzidos;
4.4 Incentivar a avaliação pelos pares;
4.5 Divulgar os textos escritos na escola e buscar outros leitores;
4.6 Discutir com os autores as correções feitas;
4.7 Incentivar os alunos à refacção pós-correção.

Introduzi neste capítulo a Sociolinguística educacional; considerando-a como uma macroárea comprometida com o aperfeiçoamento das práticas linguísticas escolares. Examinei problemas decorrentes de uma leitura malfeita de textos sociolinguísticos, trouxe dados atualizados sobre o problema do analfabetismo no país e, finalmente, reproduzi algumas matrizes de habilidades a serem desenvolvidas pelo professor, capacitando-o à aplicação de tarefas produtivas em sala de aula.

Exercício

Questão 01

Analise as matrizes de tarefas (1 a 4) propostas no capítulo e procure aperfeiçoá-las ou ampliá-las, discutindo o tema com seus colegas e professores.

Notas

Capítulo "A Sociolinguística: uma nova maneira de ler o mundo"

[1] Ao longo deste livro, serão colocadas entre colchetes, ao lado de alguns nomes de pessoas, duas datas que correspondem, respectivamente, ao nascimento e à morte daquela personalidade. Esse recurso visa ajudar o leitor a situar o pesquisador e sua teoria na história da Sociolinguística.

[2] Remetemos o leitor interessado no esforço dos sociolinguistas pioneiros em relação às desvantagens escolares de crianças oriundas de grupos minoritários nos Estados Unidos a duas obras: Cazden, Courtney B.; John, Vera P. e Hymes, Dell (1978) e Williams, Frederick (1971); e na Inglaterra a STUBBS, Michael (1980).

[3] Ao final deste livro, encontra-se um conjunto de referências específicas para alfabetização e letramento, reproduzida da disciplina homônima do Programa Profletras, da Capes. A disciplina é de responsabilidade de Maria Cecília Mollica e de Stella Maris Bortoni-Ricardo.

Capítulo "As línguas no mundo"

[4] No mundo há cerca de 6.912 idiomas em todo o mundo, segundo o compêndio *Ethnologue*, considerado o maior inventário de línguas do planeta. O livro, editado desde 1951, é uma espécie de bíblia da Linguística, indicando quais são as línguas em uso, onde elas são faladas e quantas pessoas usam o idioma. De acordo com os organizadores da enciclopédia, o total de línguas no planeta pode ser até maior. Estima-se que haja entre 300 e 400 línguas ainda não catalogadas em regiões do Pacífico e da Ásia. Além de somar todas as línguas que existem, o *Ethnologue* lista 497 línguas que correm o risco de desaparecer em poucas décadas. Segundo a Unesco (Organização das Nações Unidas para a Educação, Ciência e Cultura), metade dos idiomas falados hoje em dia pode sumir durante o século XXI, por causa do predomínio do inglês nas páginas da internet (disponível em: <http://mundoestranho.abril.com.br>. Acesso em: 10 abr. 2013).

⁵ De acordo com o *Atlas Interativo de Línguas em Perigo* (Unesco 2010), o Brasil é o terceiro país do mundo com o maior número de línguas ameaçadas de extinção. Assim, das 180 línguas que a literatura especializada reconhece no Brasil, 45 delas estão catalogadas em situação crítica de extinção. Além disso, o *Atlas* indica que 12 línguas indígenas do Brasil são consideradas mortas, isso sem levar em conta os povos indígenas do Nordeste, que já não falam mais a língua indígena. Em suma, todas as línguas indígenas no Brasil estão continuamente ameaçadas, em diferentes graus, por um processo de extinção, que começou desde a chegada dos europeus ao nosso território.

⁶ Para mais informações sobre a canção, ver <http://linguageiro.wordpress.com/tag/crioulos-de-base-portuguesa/>. Acesso em: 23 maio 2014. Para aprofundar as informações sobre crioulos de base portuguesa, ver <http://cvc.instituto-camoes.pt/hlp/geografia/crioulosdebaseport.html>. Acesso em: 21 maio 2014.

Capítulo "A Micro e a Macrossociolinguística"

⁷ A propósito do conceito de história externa da língua, recomendo consultar o livro de Serafim da Silva Neto, publicado pela primeira vez em 1950, *Introdução ao estudo da língua portuguesa no Brasil*. Esse pioneiro da Sociolinguística no Brasil postula uma distinção entre a história externa, apoiada nos fatos sócio-históricos, e a história interna de uma língua, que é objeto da Etimologia.

Capítulo "A herança da Linguística Estruturalista: a heterogeneidade inerente e sistemática"

⁸ Remetemos o leitor interessado nos trabalhos dialetológicos no Brasil ao Projeto Atlas Linguístico do Brasil: <http://twiki.ufba.br/twiki/bin/view/Alib/WebHome>.

⁹ Citam-se entre os principais trabalhos dialetológicos de Kurath o *Linguistic Atlas of New England*, 3 vols., New York 1939-43; o *Handbook of the Linguistic Geography of New England*, Providence 1939; *A Word Geography of the Eastern United States*, Ann Arbor 1949; e os primeiros volumes do the *Middle English Dictionary*, organizados de 1946 a 1962, Ann Arbor; além do *The Pronunciation of English in the Atlantic States*, em coautoria com with Raven I. McDavid, Jr., Ann Arbor 1961.

¹⁰ O leitor interessado nas análises de fonética acústica deve recorrer ao livro (Labov, 2008: 34-35).

¹¹ Denomina-se uma *categoria êmica* aquela que emerge da cultura da própria comunidade, ou seja, é imanente à comunidade. O termo provém da distinção feita por Kenneth Pike [1912-2000] entre fonética (estudo dos sons da fala em geral) e fonêmica (estudo dos fonemas de determinada língua).

¹² Os estudos de avaliação relacionam-se aos estudos de atitudes (ver capítulo "A Micro e a Macrossociolinguística").

Capítulo "A herança da Linguística Estruturalista: o tratamento da variação linguística"

¹³ Contemporaneamente, os dados assim apresentados são analisados por um programa de computador, denominado Varbrul. Para informações metodológicas atualizadas e precisas sobre como proceder à análise de um regra variável, por meio de técnicas digitais, aconselhamos o livro de Gregory Guy e Ana Zilles, *Sociolinguística quantitativa: instrumental e análise*, publicado em 2007.

¹⁴ Observe-se que estamos usando a palavra variedades aqui como sinônimo de falares ou de dialetos. Muitas vezes os termos variedades e variantes são confundidos. É bom evitar essa confusão. Variante, como vimos há pouco, são as formas alternativas de realização de uma regra variável, e variedades são os dialetos sociais ou regionais.

¹⁵ Para aprofundamento neste tema, ver Maria Isaura Pereira de Queiroz, 1978.

[16] Os conceitos de difusão e focalização dialetal foram propostos por Robert Le Page (1980) e serão retomados no capítulo "A herança da Antropologia cultural 2: redes sociais e identidade".

[17] A distinção entre tempo real, que corresponde ao tempo cronológico, físico, contado em anos, que passa, e tempo aparente, que é um recurso metodológico, para a análise da mudança linguística quando se comparam os resultados de diferentes gerações em uma mesma comunidade, é uma distinção crucial na Sociolinguística Variacionista.

Capítulo "Tradição da Antropologia Cultural: Dell Hymes e a Etnografia da Comunicação"

[18] O autor cita os termos em francês: *Liberté, Egalité, Fraternité*, que foram as palavras de ordem da Revolução Francesa, em 1789.

Capítulo "A herança da Antropologia Cultural 2: redes sociais e identidade"

[19] Duas dissertações recentes de mestrado fizeram uso de análise de redes para descrição sociolinguística: a de Patrícia Rafaela Otoni, *O perfil sociolinguístico do município de Oliveira Fortes-MG: a concordância nominal e verbal*, UFJF, 2013, e de Eliane Vitorino de Moura Oliveira, *A variação da concordância adolescente: eu sou porque nós é ou eu sou porque nós somos*, UEL, 2011.

[20] A pergunta sociométrica era a seguinte: "Quem são as três pessoas com quem você mais conversa fora de sua casa?".

Capítulo "O impacto da Sociolinguística na educação"

[21] Esse termo é uma tradução livre do conceito avançado por Frederick Erickson (1987: 355): "*A culturally responsive pedagogy*".

[22] Essa matriz foi organizada por Veruska Ribeiro Machado.

Índice remissivo

aceitabilidade, 87-8, 96, 149, 158
acomodação, 29, 130, 135-6, 141-2
adequação, 14
alfabetização, 16, 122, 161, 169
alinhamento, 146
Almeida, 45-6
alofonia, 164
anáfora pronominal, 75, 80-1
analfabetismo, 19, 41-2, 161-2, 167
   analfabetismo funcional, 19
   analfabetos, 41, 107
análises contrastivas, 12
animacidade, 82
Antropologia Cultural, 90, 130
apoio contextual, 20, 151
área de relíquia, 54
arquifonema, 58

atitude de lealdade, 28
atitudes linguísticas, 13, 37, 42, 46
Austin, 74
avaliação, 44, 60, 159, 160, 167, 170

Bagno, 79
Bailey, 15
Bakhtin, 11
Bananal, 35
bandeirantismo, 58
Barnes, 130
Baugh, 113
Bazerman, 98-9
Berreman, 142
Bíblia, 26, 116-7, 120
bilinguismo, 13, 25
Bisol, 75-6

Blom, 70
Bloomfield, 56, 67
Bortoni-Ricardo, 12, 14-5, 20, 29, 32, 39, 43, 73, 76, 86, 88, 92, 97, 113, 130, 132, 134-5, 137, 141, 148, 151, 158, 160, 163-5, 169
Bott, 130-1
Boudoin de Courtenay, 49
Brasília, 25, 28-9, 43-4, 61-2, 72, 76-8, 89, 103, 107-8, 110-2, 114, 117, 119-21, 140, 152
Brazlândia, 134-5
Bright, 14
Brown, 97

caipirês, 94
Camacho, 14
Câmara Brasileira do Livro, 42
características demográficas, 54
Carvalho, 9, 122, 127
Castilho, 40, 72
categoria êmica, 58, 170
Center For Applied Linguistics, 14
Chico Bento, 93-4
Chomsky, 14, 53
Círculo Linguístico de Praga, 11, 28, 33, 37, 39, 46, 86
clima disciplinar, 153
cockney, 71
coesão, 164
　coesão frásica, 164
competência, 14, 52-3, 87, 104, 154, 163, 165

competência comunicativa, 14, 87-9
comunidade de fala, 52, 58, 60, 67-9, 78, 82, 131
concordância verbal, 43
conflito, 15, 147, 155, 160
contexto, 11, 17, 19-20, 53, 73, 88, 99, 124, 132-3, 136, 143, 147, 150, 154, 156, 158, 166
contínuo, 19-20, 28, 73, 165
contínuo rural-urbano, 32
convergência, 141
corpus, 55, 80, 156
Corrêa, 76-8
correlacional, 53, 63
CPLP, 41, 47
cultura escolar, 12
cultura letrada, 12, 111

D. H. Lawrence, 71, 92
Da Hora, 64
DeCamp, 29-30
Declaração Universal dos Direitos Linguísticos, 34
decoração facial, 39
deferência, 54, 98
déficit linguístico, 15
dêitico, 20, 150
Dell Hymes, 14, 50, 63, 67, 85, 89-90, 122, 127, 146, 158
densidade, 130, 132, 137, 142-3
desempenho, 12, 14-5, 52-3, 116, 157, 161

deslocamento, 42, 133
dialetologia, 7, 51, 53-5, 63
dialetos, 24-5, 28, 45, 76, 132-3, 170
diastrático, 24
diatópico, 24
difusão, 13, 34, 57, 63, 72, 76, 83, 135, 141, 171
diglossia, 13, 37, 40, 70
Dittmar, 69
divergência, 141
Dolz, 99
domínio social, 89, 97, 147

ecologia sociolinguística, 40
educação, 16, 24, 35, 41-2, 51, 89, 122, 158, 161, 163, 169
EJA, 42, 122
elevação das vogais médias, 75, 83
envolvimento, 150
Erickson, 158, 171
escolaridade, 29, 38, 71, 77, 80, 105, 141, 162
escrita, 16-20, 32, 42, 96, 98, 140, 158, 163-4, 166
espectrogramas, 55
estandardização, 13
estilo expressivo, 68
estilos, 12, 50, 56, 76, 131, 158, 160
estratégia de esquiva, 80
estratégia de comunicação, 151
estratificação social, 68
estrato socioeconômico, 53
estudos de atitudes, 43, 46, 170

estudos variacionistas, 7, 56
etnicidade, 68, 160
etnografia, 86, 120, 128
  etnografia da comunicação, 13, 19, 85, 89, 127, 145-6, 158
etnográfico, 86, 113
etnossensibilidade, 113
evento de fala, 64, 91-2

faixa etária, 53, 91, 107
fala, 11, 14, 16, 19-20, 28-9, 33, 38, 40, 42, 45-6, 50, 51-3, 57-8, 60, 64, 67, 69, 70-1, 74, 78, 82-3, 86-8, 90-6, 104-5, 116, 121, 127-8, 131-2, 138, 140, 141, 146, 150, 154, 156-7, 160, 170
falante, 11-2, 14-5, 20, 23, 25, 27-30, 35, 38-40, 42-3, 52-3, 55, 56, 61, 64, 69-70, 76, 83, 88-9, 91, 96-7, 132-4, 138, 141-2, 146, 148, 154, 156-8, 160
Fasold, 13, 15, 39, 42, 70
Ferguson, 40, 70
Fernandez, 80
Fernão de Oliveira, 75
Figueroa, 52, 85-7, 146-7
fins, 90, 96, 98, 107, 120
Firth, 86
Fisher, 16
Fishman, 13
focalização, 76, 83, 91, 141
  focalização dialetal, 29, 34, 76, 171
Folia de Reis, 103-4

fonema, 27, 49-50, 59, 63-4, 83, 164, 170
footing, 146
força interativa, 68
formalidade, 20, 54, 56, 64, 76, 91, 97, 158
frame, 90
Franz Boas, 12, 15
Freitas, 29, 76, 99, 141
fronteiras geopolíticas, 28
fronteiras linguísticas, 28
Funai, 25
função, 40, 49, 67, 80-2, 86-8, 94-6, 98, 107, 165
   função referencial, 28, 50, 67, 75
   função separatista, 28
   função unificadora, 28, 69

Gal, 133
Garcez, 39, 90, 145-7, 156
Garvin, 40
gênero, 19, 38, 56, 77, 79, 90-1, 98-9, 103, 105, 114, 120, 153, 162, 167
genres, 98
gesticulação, 152
Giles, 70, 141
Gilliéron, 51
Gilman, 97
gíria, 61-3, 140
glotofágico, 41
Goffman, 37-9, 46, 94, 145-6, 155
Goodenough, 88, 96, 149, 158

grau de atenção, 54
Grice, 148-50, 155
grupo de referência, 142
grupos de força, 163-4
grupos estigmatizados, 69
grupos minoritários, 21, 169
GT de Sociolinguística, 8
guarani, 40
Gumperz, 13, 70, 97, 133, 145-51, 155
Gutenberg, 17
Guy, 82, 170

Hanna, 44
harmonia vocálica, 75
Haugen, 71
Herzog, 52, 60, 63
heterogeneidade, 12, 14, 52, 63, 67, 131, 157
hipossegmentação, 163
hipótese de crioulização, 32, 34
hipótese neogramática, 57
história externa, 40, 170
Houaiss, 16

ilocucionário, 74
implicaturas conversacionais, 13
INAF, 41
indicadores, 68
inferência, 150-1, 154, 165
inferenciação, 150
informação básica, 151
insegurança linguística, 158

Instituto Camões, 31
Instituto Machado de Assis, 42
instrumentalidade, 96, 105, 107, 120
intelectualização, 37, 39-40
interação primária, 131
interacionais, 8, 37, 97, 107, 154
interações pessoais e transacionais, 39
interagentes, 20, 91, 146, 150-1
interlíngua, 30, 33, 52
internet, 42, 96, 115, 140, 159, 169
IPHAN, 24
IPOL, 24
Irvine, 91
isoglossas, 51

Jakobson, 39, 49, 86

Karcevsky, 49
key, 96
Kleiman, 16-7
Kurath, 51, 54, 170

Labov, 12-3, 15, 52-4, 56-60, 63, 67-8, 132-3, 159, 170
Lavandera, 75
Le Page 28-9, 141, 171
lealdade, 42, 142
Leech, 74
letramento, 12, 16-21, 40, 73, 105, 121, 160, 162, 169
Libras, 35
língua padrão, 33, 69-71
línguas autóctones, 24

línguas brasileiras, 25
línguas crioulas, 24, 29
línguas de sinais, 24, 41
línguas indígenas, 25, 34, 170
línguas *pidgins*, 14, 34
Linguística Estruturalista, 50, 67, 95, 131
Linguística Funcionalista, 50
literacy, 16
localidade comum, 131
locucionário, 74
Lopes, 9, 105-6, 127, 152
Lucchesi, 32
Lupicínio Rodrigues, 78
lusitanização, 72

Macrossociolinguística, 13, 33, 37, 47
Maingueneau, 99
marcadores, 68
marcas identitárias, 23, 28-9
Marcuschi, 19, 98-9
Mário Lago, 74-5, 95
Marteleto, 136
Martha's Vineyard, 54, 56, 58, 63, 68
Martinet, 52
Mary Williams, 16
Mateus Karioka, 129-30
Mathiot, 40
Mattoso Câmara Jr., 49, 51, 163
Maurício de Sousa, 93
máxima de quantidade, 148
Meillet, 11

Melo, 43-5
meninos de rua, 122, 124
metalinguagem, 152, 155
método de inquérito, 51, 53
microanálise, 38, 46, 152, 155
microetnografia, 145
Millôr Fernandes, 71, 91, 94
Milroy, 131-3
Mirandês, 41
Mitchell, 130
mobilidade social, 7, 71
modalidade letrada, 21
modalidade oral, 20, 21, 158
modelo ideológico, 19
moldura, 90
Mollica, 9, 80-2, 134-5, 138, 169
monolinguismo, 26, 41
Moreira, 19
Moura, 9, 135, 171
mudança, 13, 17-8, 52, 54, 56-61, 63, 71-2, 80, 82, 92, 94, 98, 117, 122, 131-3, 135, 141-3, 146, 148, 171
multilinguismo, 13, 23, 26, 33, 41, 47
Muniz, 103-4, 127

Naro, 32
nível de escolaridade, 53
normas, 70, 86, 88, 90, 94, 96-7, 105, 113-4, 131-2, 142, 147-50

obstruintes, 56
Oliveira, 9, 57, 158
Olson, 17-9

Ong, 17
oração relativa, 79
oralidade, 17, 19-20, 73, 160, 163
ortoepia, 69
ortografia, 69
Ostermann, 146-7
ouvinte, 20, 44, 148, 150
  ouvinte primário, 91

padronização, 46, 69-70, 72-3, 82
papel social, 39, 88, 92-4, 107, 154
par adjacente, 150, 155
participantes, 38, 61, 90-1, 94, 97, 105, 107, 122, 128, 136, 138, 141, 145, 147-8, 150-1
Paulinho da Viola, 149, 155
Payne, 46
pedagogia, 107, 159
Pedretti, 135
Pedrosa, 64
Pereira, 45, 99-100, 156, 170
performance, 14, 52-3, 87, 89
perlocucionário, 74
peso relativo, 81
pesquisa contrastiva, 27
pidgin, 14, 29-30, 32, 34
pidgnização, 33
pistas de contextualização, 147
planejamento, 13, 20, 163
plurilinguismo, 26
poder, 13, 17, 21, 69, 71, 73, 97-8, 115, 124, 151, 154, 157
polidez, 97, 149, 152, 155
postura, 12, 17, 20, 67, 152, 161

Powesland, 70, 141
Pragmática, 13, 158
precisão lexical, 20
preconceitos, 20
pressuposições contextuais, 147-8, 151
prestígio, 18, 44, 59, 68-71, 131, 133, 160
Princípio de Cooperação, 148-9
processo de mudança, 13, 56
Programa Varbrul, 81
pronome cópia, 75, 80, 83
pronomes de tratamento, 97, 101
proveniência regional, 53
proxêmica, 39, 152, 178
Psicologia Social, 130, 141-2

quadro de referência, 69
quilombos, 24

raciocínio lógico, 152, 155
Ramos, 46-7
recursos não verbais, 155
redes integradas, 134-5
redes isoladas, 134
redes multiplex, 137, 142
redes sociais, 30, 43, 71, 130-5, 142-3, 147, 159, 171
redes uniplex, 137
redução flexional, 30, 41
regra de abaixamento, 78, 83
relativismo cultural, 11-2, 15-6, 21, 157
relativização, 80, 82

relexificação, 30
rendimento escolar, 21
repertório, 12, 25, 27, 29, 40, 42, 50, 53, 56, 61, 68-70, 73, 76, 83, 86, 94, 103, 131, 134, 141-2, 148, 164
retroflexo, 44, 58
Ribeiro, 39, 90, 146, 156, 171
Rodrigues, 25

saliência, 43
São Gabriel da Cachoeira, 34
Sapir, 86
Sarreta-Alves, 120, 127, 134
Saussure, 14, 49, 51-3
Saville-Troike, 89
Scherre, 32
Schnewly, 99
Searle, 74
separatista, 69
sexismo, 13
Shaw, 71
shibolet, 21
Shuy, 92
Silva Neto, 33, 170
sinais de retorno, 20
sincronia conversacional, 150, 154
sociogramas, 136
Sociolinguística Educacional, 8, 158-9, 161, 167
Sociolinguística Interacional, 39, 90, 145-52, 155-6
sociometria, 130
solidariedade, 97-8, 132, 142
sotaque, 27-9, 44, 139-40

Speaking, 89, 95-6, 98, 101, 113, 120, 122
status, 41-2, 57-9, 71, 97, 132-3, 142
Street, 17, 19, 21
superstrato, 29, 30
suprassegmentais, 56, 152, 155
Talian, 35
Tannen, 90, 146
Tarallo, 80
tempo aparente, 56, 171
tempo real, 80, 83
teoria dos atos de fala, 74
tessitura larga, 130-2, 137, 143
tessitura miúda, 130-3, 142-3
topicalização, 164
Torre de Babel, 26
Trubetskoy, 49

Unesco, 161, 169-70

valor sociossimbólico, 59, 75, 78
variação estilística, 56, 68, 160
variação linguística, 12, 14, 26, 45, 71, 82, 95, 161, 164
variantes, 40, 59, 60, 68-9, 75, 77, 82, 158, 164, 170
variedade, 12-3, 23-4, 27-8, 32-3, 41-2, 46, 50, 69-70, 73, 78, 82-3, 92, 99, 131-2, 135, 143, 157, 170
   variedade padrão, 69-70
   variedade padronizada, 69
verbo performativo, 95
vernáculo afro-americano, 15, 132

viabilidade, 88-9
Viana Filho, 61
Viotti, 60-1, 63
vitalidade, 25, 42, 58
vocábulos fonológicos, 163-4
vogal, 27, 44, 75-6

Wallat, 90, 146
Wallet, 90
Weinreich, 52, 54, 56, 60, 63, 67
Wolfram, 15

Zilles, 82, 170

Sugestões de leitura sobre alfabetização e letramento

BAKHTIN, Mikhail. *Estética da criação verbal*. São Paulo: Martins Fontes, 2003.
BARTON, D.; IVANIC, R. *Writing in the community*: written communication annual. London: Sage, 1991.
BARTON, David; HAMILTON, Mary; IVANIC, Roz. *Situated Literacies*. London: Routledge, 2000.
_____. Preface: literacy events and literacy practices. In: HAMILTON, Mary; BARTON, David & Roz Ivanic (orgs.). *Worlds of Literacy*. Clevedon: Multilingual Matters Ltd., 1993.
BAYNHAM, Mike. *Literacy practices:* investigating literacy in social contexts. London: Longman, 1995.
BORTONI-RICARDO, Stella Maris; MACHADO, Veruska Ribeiro; CASTANHEIRA, Salete. *Formação do professor como agente letrador*. São Paulo: Contexto, 2010.
_____; MACHADO, Veruska Ribeiro (orgs.). *Os doze trabalhos de Hércules*: do oral para o escrito. São Paulo: Parábola, 2013.
_____. *Educação em língua materna*: a sociolinguística na sala de aula. São Paulo: Parábola, 2004.
BRAVIN, Angela Marina; PALOMANES, Rosa (orgs.). *Práticas de ensino de português*. São Paulo: Contexto, 2013.
CHOULIARAKI, Lilie; FAIRCLOUGH, Norman. *Discourse in Late Modernity*: Rethinking Critical Discourse Analysis. Edinburg: Edinburg University Press, 1999.
COPE, Bill; KALANTIZIS, Mary. *Multiliteracies: literacy learning and the design of social futures*. London: Routledge, 2005.
COSSON, Rildo. *Letramento literário*: teoria e prática. São Paulo: Contexto, 2006.
DEHAENE, Stanislás. *Neurônios da leitura*. Trad. Leonor Scliar Cabral. São Paulo: Penso, 2012.
GUMPERZ, J. C. *A construção social da alfabetização*. Porto Alegre: Artes Médicas, 1991.
HAMILTON, Mary. Expanding The New Literacy Studies: Using Photographs to explore literacy as social practice. In: BARTON, David; HAMILTON, Mary; IVANIC, Roz (orgs.). *Situated Literacies*. London: Routledge, 2000, pp. 16-33.

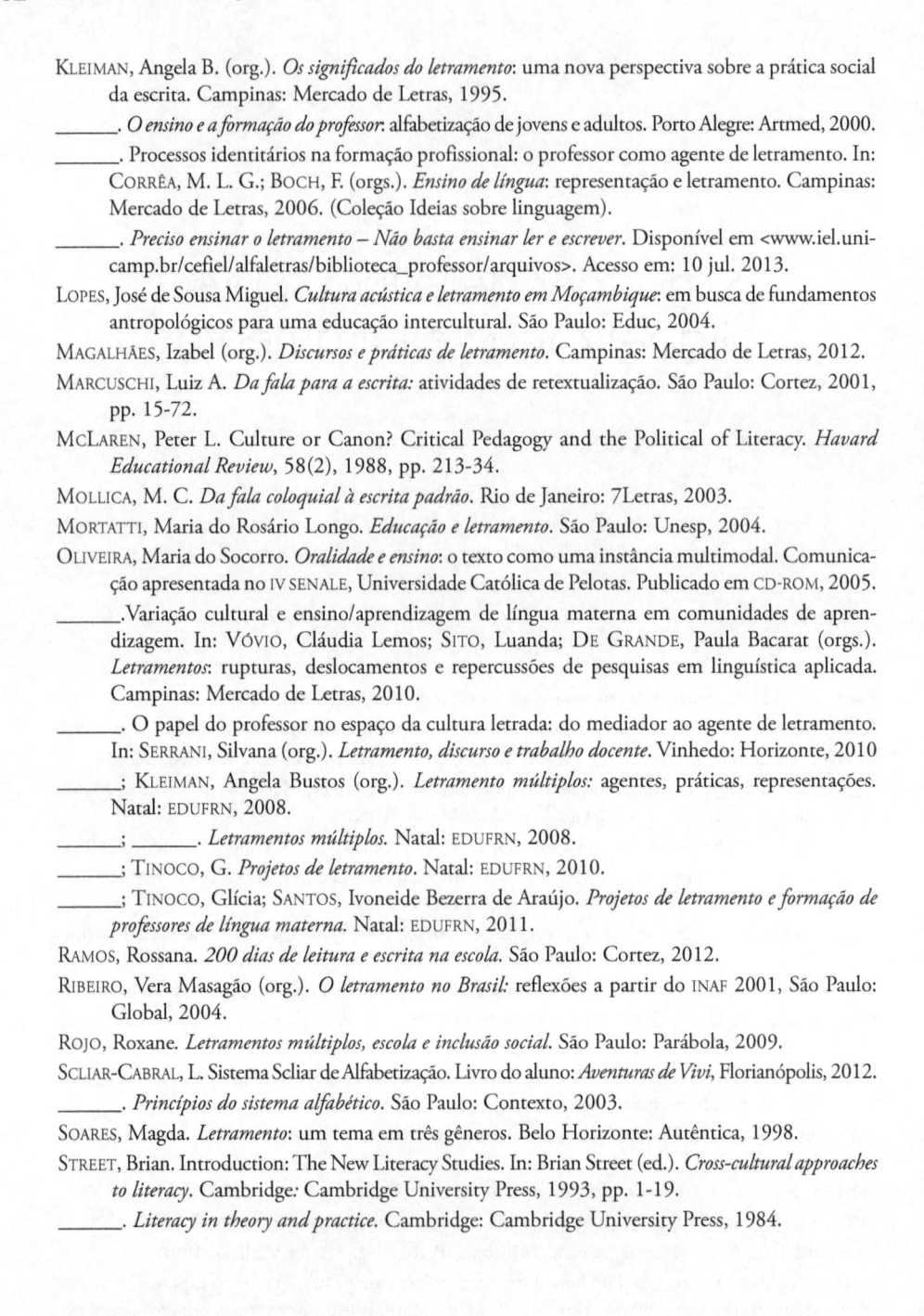

KLEIMAN, Angela B. (org.). *Os significados do letramento*: uma nova perspectiva sobre a prática social da escrita. Campinas: Mercado de Letras, 1995.

_____. *O ensino e a formação do professor*: alfabetização de jovens e adultos. Porto Alegre: Artmed, 2000.

_____. Processos identitários na formação profissional: o professor como agente de letramento. In: CORRÊA, M. L. G.; BOCH, F. (orgs.). *Ensino de língua*: representação e letramento. Campinas: Mercado de Letras, 2006. (Coleção Ideias sobre linguagem).

_____. *Preciso ensinar o letramento – Não basta ensinar ler e escrever*. Disponível em <www.iel.unicamp.br/cefiel/alfaletras/biblioteca_professor/arquivos>. Acesso em: 10 jul. 2013.

LOPES, José de Sousa Miguel. *Cultura acústica e letramento em Moçambique*: em busca de fundamentos antropológicos para uma educação intercultural. São Paulo: Educ, 2004.

MAGALHÃES, Izabel (org.). *Discursos e práticas de letramento*. Campinas: Mercado de Letras, 2012.

MARCUSCHI, Luiz A. *Da fala para a escrita:* atividades de retextualização. São Paulo: Cortez, 2001, pp. 15-72.

MCLAREN, Peter L. Culture or Canon? Critical Pedagogy and the Political of Literacy. *Havard Educational Review*, 58(2), 1988, pp. 213-34.

MOLLICA, M. C. *Da fala coloquial à escrita padrão*. Rio de Janeiro: 7Letras, 2003.

MORTATTI, Maria do Rosário Longo. *Educação e letramento*. São Paulo: Unesp, 2004.

OLIVEIRA, Maria do Socorro. *Oralidade e ensino*: o texto como uma instância multimodal. Comunicação apresentada no IV SENALE, Universidade Católica de Pelotas. Publicado em CD-ROM, 2005.

_____. Variação cultural e ensino/aprendizagem de língua materna em comunidades de aprendizagem. In: VÓVIO, Cláudia Lemos; SITO, Luanda; DE GRANDE, Paula Bacarat (orgs.). *Letramentos*: rupturas, deslocamentos e repercussões de pesquisas em linguística aplicada. Campinas: Mercado de Letras, 2010.

_____. O papel do professor no espaço da cultura letrada: do mediador ao agente de letramento. In: SERRANI, Silvana (org.). *Letramento, discurso e trabalho docente*. Vinhedo: Horizonte, 2010

_____; KLEIMAN, Angela Bustos (org.). *Letramento múltiplos:* agentes, práticas, representações. Natal: EDUFRN, 2008.

_____; _____. *Letramentos múltiplos*. Natal: EDUFRN, 2008.

_____; TINOCO, G. *Projetos de letramento*. Natal: EDUFRN, 2010.

_____; TINOCO, Glícia; SANTOS, Ivoneide Bezerra de Araújo. *Projetos de letramento e formação de professores de língua materna*. Natal: EDUFRN, 2011.

RAMOS, Rossana. *200 dias de leitura e escrita na escola*. São Paulo: Cortez, 2012.

RIBEIRO, Vera Masagão (org.). *O letramento no Brasil:* reflexões a partir do INAF 2001, São Paulo: Global, 2004.

ROJO, Roxane. *Letramentos múltiplos, escola e inclusão social*. São Paulo: Parábola, 2009.

SCLIAR-CABRAL, L. Sistema Scliar de Alfabetização. Livro do aluno: *Aventuras de Vivi*, Florianópolis, 2012.

_____. *Princípios do sistema alfabético*. São Paulo: Contexto, 2003.

SOARES, Magda. *Letramento*: um tema em três gêneros. Belo Horizonte: Autêntica, 1998.

STREET, Brian. Introduction: The New Literacy Studies. In: Brian Street (ed.). *Cross-cultural approaches to literacy*. Cambridge: Cambridge University Press, 1993, pp. 1-19.

_____. *Literacy in theory and practice*. Cambridge: Cambridge University Press, 1984.

Bibliografia

ALMEIDA, Verônica Pereira de. *A diversidade linguística em sala de aula:* concepções elaboradas por alunos do ensino fundamental II. Salvador, 2013. Dissertação (Mestrado) – Universidade Federal da Bahia.

BAGNO, Marcos. *Gramática pedagógica do português brasileiro.* São Paulo: Parábola, 2011.

BARNES, John Arundel. Class and commitees in a Norwegian Island Parish. *Human Relations,* v. 7(1), 1954, pp. 39-58.

BAUGH. John G. *Linguistic stykle-shifting in Black English.* Pensilvânia, 1979. Tese (Doutorado) – Universidade da Pensilvânia.

BAZERMAN, Charles. Prefácio. In.: BAWARSHI, Anis; REIFF, Mary Jo. *Gênero*: história, teoria, pesquisa, ensino. Trad. Benedito Gomes Bezerra. São Paulo: Parábola, 2013, pp. 13-14.

BELL, Allan. Language Style as audience design. *Language in Society*, 13(2), pp. 145-204.

BERREMAN, Gerard D. Aleut reference group alienation, mobility and acculturation. *American Anthropologist*, v. 66(2), 1964, pp. 231-50.

BIBLIA. *Bíblia Sagrada*. Trad. do Padre Antônio Pereira de Figueiredo. São Paulo: Sivadi Editorial. Gênesis, cap. 11; Juízes, caps. 11 e 12, 1979.

BISOL, Leda. *Harmonia vocálica:* uma regra variável. Rio de Janeiro, 1981. Tese (Doutorado) – Universidade Federal do Rio de Janeiro.

BLOM, Jan-Peter; GUMPERZ, John J. O significado social na estrutura linguística: alternância de códigos na Noruega. In: RIBEIRO, Branca T.; GARCEZ, Pedro M. *Sociolinguística interacional.* São Paulo: Loyola, 2002 [1972], pp. 45-84.

BOAS, Franz. Introduction to the Handbook of American Indian Languages. In: BLOUNT, Ben G. (org.). *Language Culture and Society*: a book of readings. Cambridge: Ms: Winthrop Publishers, 1974 [1911], pp. 12-31.

BORTONI-RICARDO, Stella Maris. Por que a tradutologia precisa do sociolinguista. In: MATTOS, Delton de (org.). *Estudos de Tradutologia*. Brasília: Kontakt, 1981, pp. 50-66.

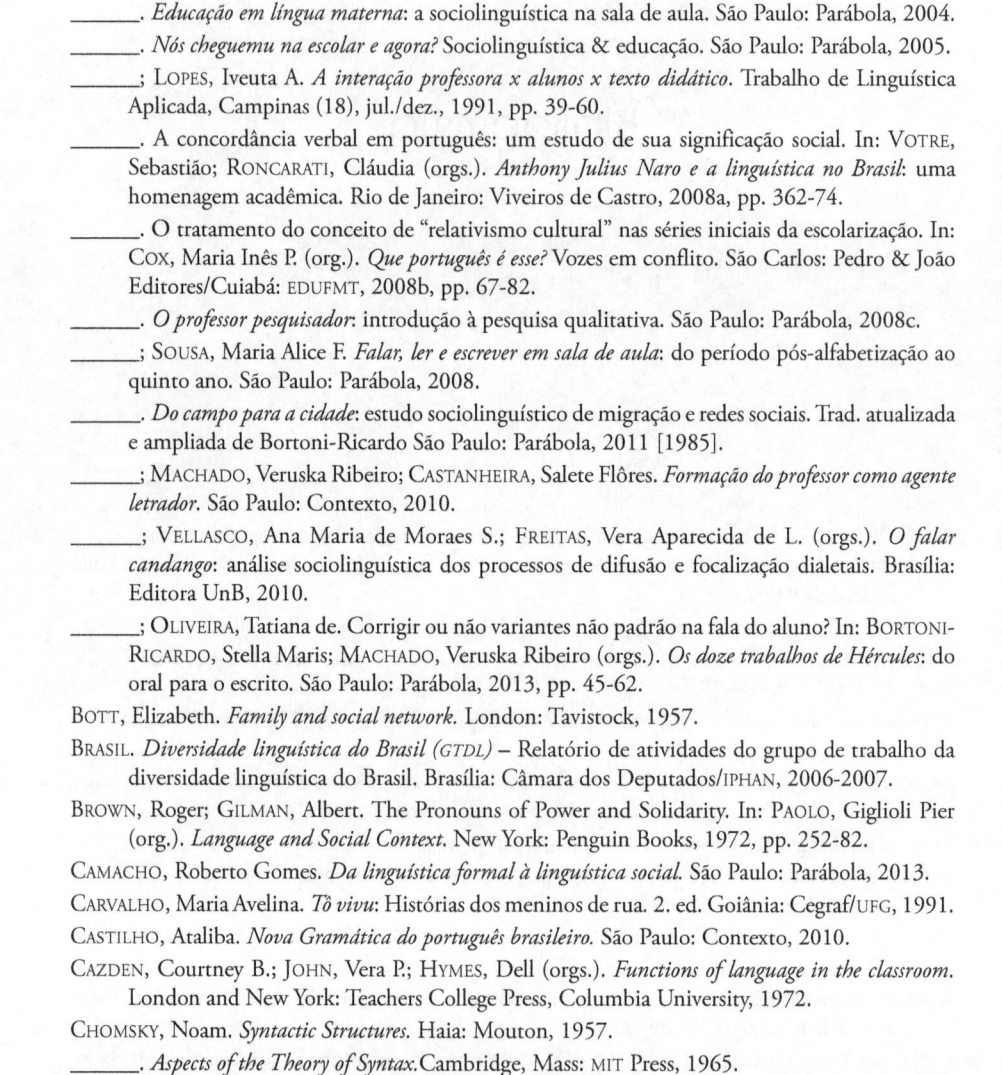

_____. *The urbanization of rural dialects speakers in Brazil*. Cambridge: Cambridge University Press, 1985.

_____. Variationist sociolinguistics. In: HORNBERGER, Nancy H.; CORSON, David (orgs.). *Encyclopedia of Language and Education vol. 8*. Dordrecht: Kluwer Academic Publishers, 1997, pp. 59-66.

_____. *Educação em língua materna*: a sociolinguística na sala de aula. São Paulo: Parábola, 2004.

_____. *Nós cheguemu na escolar e agora?* Sociolinguística & educação. São Paulo: Parábola, 2005.

_____; LOPES, Iveuta A. *A interação professora x alunos x texto didático*. Trabalho de Linguística Aplicada, Campinas (18), jul./dez., 1991, pp. 39-60.

_____. A concordância verbal em português: um estudo de sua significação social. In: VOTRE, Sebastião; RONCARATI, Cláudia (orgs.). *Anthony Julius Naro e a linguística no Brasil*: uma homenagem acadêmica. Rio de Janeiro: Viveiros de Castro, 2008a, pp. 362-74.

_____. O tratamento do conceito de "relativismo cultural" nas séries iniciais da escolarização. In: COX, Maria Inês P. (org.). *Que português é esse?* Vozes em conflito. São Carlos: Pedro & João Editores/Cuiabá: EDUFMT, 2008b, pp. 67-82.

_____. *O professor pesquisador*: introdução à pesquisa qualitativa. São Paulo: Parábola, 2008c.

_____; SOUSA, Maria Alice F. *Falar, ler e escrever em sala de aula*: do período pós-alfabetização ao quinto ano. São Paulo: Parábola, 2008.

_____. *Do campo para a cidade*: estudo sociolinguístico de migração e redes sociais. Trad. atualizada e ampliada de Bortoni-Ricardo São Paulo: Parábola, 2011 [1985].

_____; MACHADO, Veruska Ribeiro; CASTANHEIRA, Salete Flôres. *Formação do professor como agente letrador*. São Paulo: Contexto, 2010.

_____; VELLASCO, Ana Maria de Moraes S.; FREITAS, Vera Aparecida de L. (orgs.). *O falar candango*: análise sociolinguística dos processos de difusão e focalização dialetais. Brasília: Editora UnB, 2010.

_____; OLIVEIRA, Tatiana de. Corrigir ou não variantes não padrão na fala do aluno? In: BORTONI-RICARDO, Stella Maris; MACHADO, Veruska Ribeiro (orgs.). *Os doze trabalhos de Hércules*: do oral para o escrito. São Paulo: Parábola, 2013, pp. 45-62.

BOTT, Elizabeth. *Family and social network*. London: Tavistock, 1957.

BRASIL. *Diversidade linguística do Brasil (GTDL)* – Relatório de atividades do grupo de trabalho da diversidade linguística do Brasil. Brasília: Câmara dos Deputados/IPHAN, 2006-2007.

BROWN, Roger; GILMAN, Albert. The Pronouns of Power and Solidarity. In: PAOLO, Giglioli Pier (org.). *Language and Social Context*. New York: Penguin Books, 1972, pp. 252-82.

CAMACHO, Roberto Gomes. *Da linguística formal à linguística social*. São Paulo: Parábola, 2013.

CARVALHO, Maria Avelina. *Tô vivu*: Histórias dos meninos de rua. 2. ed. Goiânia: Cegraf/UFG, 1991.

CASTILHO, Ataliba. *Nova Gramática do português brasileiro*. São Paulo: Contexto, 2010.

CAZDEN, Courtney B.; JOHN, Vera P.; HYMES, Dell (orgs.). *Functions of language in the classroom*. London and New York: Teachers College Press, Columbia University, 1972.

CHOMSKY, Noam. *Syntactic Structures*. Haia: Mouton, 1957.

_____. *Aspects of the Theory of Syntax*. Cambridge, Mass: MIT Press, 1965.

CYRANKA, Lúcia F. M. *Dos dialetos populares à variedade culta*: a sociolinguística na escola. Curitiba: Appris, 2011.

CORRÊA, Cíntia da C. *Focalização dialetal em Brasília*: um estudo das vogais pretônicas e do /s/ pós-vocálico. Brasília, 1998. Dissertação (Mestrado) – Universidade de Brasília, 1998.

CORRÊA, Vilma. Relative clauses: what is known and what is acquired in Brazilian Portuguese. In: PÄIVI KJOSKINEN (ed.). *Proceedings of the 1995 Annual Conference of the Canadian Linguistic Association*. Toronto: Toronto Working Papers in Linguistics, 1995, pp. 73-84.

_____. *Oração relativa*: o que se fala e o que se aprende no português do Brasil. Campinas, 1998. Tese (Doutorado) – Unicamp.

DA HORA, Dermeval; PEDROSA, Juliene L. R. Reanálise da consoante em final de palavra: coda ou ataque de núcleo vazio. In: RONCARATI, Claudia; ABRAÇADO, Jussara (orgs.). *Português brasileiro II*: conato linguístico, heterogeneidade e história. Niterói: Eduff, 2008, pp. 79-92.

DECAMP, David. Introduction: The Study of Pidgin and Creole Languages. In: HYMES, Dell (org.). *Pidginization and creolization of languages*. Cambridge: Cambridge University Press, 1977, pp. 13-39.

DITTMAR, Norbert. *A critical Survey of sociolinguistics*. New York: St. Martin's Press, 1976.

DOLZ, Joaquim; SCHNEUWLY, Bernard. O oral como texto: como construir um objeto de ensino. In: ROJO, Roxane; CORDEIRO, Glais Sales (orgs. e trad.). *Gêneros orais e escritos na escola*. Campinas: Mercado de Letras, 2004. pp. 149-85.

_____. Gêneros e progressão em expressão oral e escrita: elementos para reflexões sobre uma experiência suíça (francófona). Joaquim Dolz e Bernard Schneuwly. In: ROJO, Roxane; CORDEIRO, Glais Sales (orgs. e trad.). *Gêneros orais e escritos na escola*. Campinas: Mercado de Letras, 2004, pp. 41-70.

_____ et al. A exposição oral. In: SCHNEUWLY, Bernard; DOLZ, J. et al. (orgs.). *Gêneros orais e escritos na escola*. Trad. e org. Roxane Rojo. e G. S. Cordeiro. Campinas: Mercado de Letras, 2004, pp. 215-46.

DUARTE, Maria Eugênia Lamoglia. *A perda do princípio "evite pronome" no português brasileiro*. Campinas, 1995. Tese (Doutorado) – Unicamp.

ERICKSON, Frederick. Transformation and school success: the politics and culture of educational achievement. *Anthropology & Education Quartely*, v. 18(4), 1987, pp. 335-56.

_____. *Talk and Social Theory*: Ecologies of Speaking and Listening in Everyday Life. Malden: Cambridge Polity Press, 2004.

FARACO, Carlos Alberto. *Norma culta brasileira*: desatando alguns nós. São Paulo: Parábola, 2008.

FASOLD, Ralph. *The sociolinguistics of society*. Oxford: Basil Blackwell, 1984.

_____. *The sociolinguistics of language*. Oxford: Basil Blackwell, 1990.

FERGUSON, Charles A. Diglossia. *Word*, v. 15, 1959, pp. 325-40.

FERNANDES, Millôr. *É...* Porto Alegre: LPM, 1977.

FIGUEROA, Esther. *Sociolinguistic Metatheory*. New York: Pergamon, 1994.

FISHER, Robert; WILLIAMS, Mary (orgs.). *Unlocking Literacy*: a Guide for Teachers. Londres: David Fulton Publishers, 2000.

FISHMAN, Joshua. *The Sociology of Language*. Rowley: Newbury House, 1972a.

_____. The Relationship between Micro and Macro Sociolinguistics in the Study of Who Speaks What Language to Whom and When. In: PRIDE, John B.; HOLMES, Janet (orgs.). *Sociolinguistics*. Harmondsworth: Penguin Education, 1972b, pp. 15-32.

GAL, Susan. *Language Shift*: social determinants of linguistic change in bilingual Austria. Nova York: Academic Press, 1979.

GARCEZ, Pedro M.; OSTERMANN, Ana Cristina. Glossário conciso de Sociolinguística Interacional. In: RIBEIRO, Branca T.; GARCEZ, Pedro M. (orgs.). São Paulo: Loyola, 2002, pp. 257-64.

_____. Microethnography. In: HORNBERGER, Nancy H.; CORSON, David (orgs.). *Encyclopedia of Language and Education* – v. 8: Research methods in language and education. Dordrecht: Kluwer Academic Publishers, 1997, pp.187-96.

GARVIN, Paul; MATHIOT, Madeleine. A urbanização da língua guarani. In.: FONSECA, Maria Stella V.; NEVES, Moema F. (orgs.). *Sociolinguística*. Rio de Janeiro: Eldorado, 1974, pp. 119-30.

GILES, Howard; POWESLAND, Peter. F. (orgs.). *Speech style and social evaluation*. London: Academic Press, 1975.

_____. Accomodation Theory: some new directions. *York Papers in Linguistics*, v. 9, 1980, pp. 105-36.

GOFFMAN, Erving. A situação negligenciada. In: RIBEIRO, Branca T.; GARCEZ, Pedro M. (orgs.). *Sociolinguística interacional*. São Paulo: Loyola, 2002, pp. 13-20 (publicado em 1964 em *American Anthropologist*).

_____. Replies and responses. *Language in Society*, v. 5, 1976, pp. 257-313.

GOODENOUGH, Ward H. Cultural Anthropology and Linguistcs. *Report of the Seventh Annual Round Table Meeting on Linguistics and Language Study*, 1957.

GRICE, Paul. Logic and conversation. In: COLE, Peter; MORGAN, John P. (orgs.). *Syntax and Semantics*. New York Academic Press, v. 3, 1975.

GUMPERZ, John. Linguistic and Social Interaction in two communities. In: BLOUNT, Ben G. (org.). *Language, Culture and Society*: a Book of Readings. Cambridge, Mass.: Winthrop Publishers, 1974, pp. 250-66.

_____. Social network and language shift. *Working paper 46*. Berkeley: Language Behavior Laboratory, 1976.

_____. *Discourse Strategies*. Cambridge: Cambridge University Press, 1982.

_____. El significado de la diversidad lingüística y cultural en un contexto post-moderno. In: MUÑOZ, Hector; LEWIN, Pedro F. (orgs.). *Investigaciones lingüísticas 2*. Ciudad del México: UAM/INAH, 1996, pp. 33-47.

GUY, Gregory; ZILLES, Ana. *Sociolinguística quantitativa*: instrumental e análise. São Paulo: Parábola, 2007.

HANNA, Elizabeth. *Difusão e focalização dialectal*: o caso de Brasília. Brasília, 1986. Dissertação (Mestrado) – Universidade de Brasília, 1986.

HAUGEN, Einar Ingvald. Dialeto, língua, nação. In: BAGNO, Marcos. *Norma linguística*. São Paulo: Loyola, 2001 [1996], pp. 97-114.

HAYTHORNTHWAITE, C. A. *Redes sociais on-line*. IV Seminário de Pesquisa em Ciência da Informação. University of Illinois at Urbana-Champaign, Programa IBICT, UFRJ, 29/06 a 09/07, 2009.

HYMES, Dell. On communicative competence. In.: PUGH, A. K.; LEE, V. J.; SWANN, J. (orgs.). *Language and language use*. London: Heinemann, 1966, pp. 89-104.

_____. On communicative Competence. In.: PRIDE, J. B.; HOLMES, Janet (orgs.). *Language and language use*. London: Heinemann, 1972, pp. 89-104.

_____. *Foundations in Sociolinguistics*: an ethnographic approach. Philadelphia: University of Pennsylvania Press, 1974.

IRVINE, Judith. *Formality and informality in speech events*. Sociolinguistics Working Papers nº 52, Austin: Southwest Educational Development Laboratory, 1978.

KATO, Mary. Recontando a História das Relativas em uma Perspectiva Paramétrica. In: ROBERTS, I.; KATO, M. (orgs.). *Português Brasileiro: uma viagem diacrônica*: homenagem a Fernando Tarallo. Campinas: Ed. Unicamp, 1993.

KLEIMAN, Ângela B. Modelos de letramento e as práticas de alfabetização na escola. In: KLEIMAN, Ângela B. (org.). *Os significados do letramento*. Campinas: Mercado de Letras, 1995, pp. 15-61.

LABOV, William. *The social stratification of English in New York City*. Washington D.C.: Center for Applied Linguistics, 1966.

_____. Some sources of reading problems for Negro speakers nonstandard English. In.: BARATZ, Joan C.; SHUY, Roger (orgs.). *Teaching Black children to read*. Washington D.C.: Center for Applied Linguistics, 1969, pp. 29-67.

_____. *Sociolinguistic Patterns*. Philadelphia: University of Pennsylvania Press, 1972a.

_____. *Language in the inner city*. Philadelphia: University of Pennsylvania Press, 1972b.

_____. Estágios na aquisição do inglês standard. In: FONSECA, Maria Stella V.; NEVES, Moema F. (orgs.). *Sociolinguística*. Rio de Janeiro: Eldorado, 1974, pp. 63-4. (Traduzido de LABOV, William. Stages in the Acquisition of Standard English. In: SHUY, Roger (org.). *Social dialects and language learning*. Washington D.C.; The National Council of Teachers of English, 1965.)

_____. Empirical foundations of linguistic theory. In: AUSTERLITZ, Robert (org.). *The scope of American linguistics*. Lisse: Peter de Ridder Press, 1975, pp. 77-134.

_____. Resolving the Neogrammarian controversy. *Language* 57, 1981, pp. 267-309.

_____. *Principles of linguistic change*: internal factors. Oxford, UK, Cambridge, USA: Blackwell, 1994.

_____. *Padrões sociolinguísticos*. Trad. Marcos Bagno, Marta Scherre e Caroline Cardoso. São Paulo: Parábola, 2008.

LAVANDERA, Beatriz. Where does the sociolinguistic variable stop? *Language in Society*, n. 7, 1978, pp. 171-83.

LAWRENCE, David Herbert. *Erotic Works of D. H. Lawrence*. New York: Avenel Books, 1989, pp. 346-7.

LEECH, Geoffrey N. *Principles of Pragmatics*. London: Longman, 1983.

LE PAGE, Robert B. Projection, focusing and diffusion. *York papers in linguistics*. University of York, v. 9, 1980, pp. 3-31.

LOPES, Iveuta de A. *Cenas de letramentos sociais*. Recife: Programa de Pós-Graduação em Letras/UFPE, 2006.

LUCCHESI, Dante. Aspectos gramaticais do português brasileiro afetados pelo contato entre línguas: uma visão de conjunto. In: RONCARATI, Cláudia; ABRAÇADO, Jussara (orgs.). *Português brasileiro II*: contato linguístico, heterogeneidade e história. Niterói: EDUFF, 2008.

MAINGUENEAU, Dominique. *Doze conceitos em análise do discurso*. In: POSSENTI, Sírio; SOUZA-E-SILVA, Maria Cecília Perez de (org.). Trad. Adail Sobral et al. São Paulo: Parábola, 2010.

MARCUSCHI, Luiz Antônio. *Da fala para a escrita*: atividades de retextualização. 5. ed. São Paulo: Cortez, 2004.

_____. Letramento e oralidade no contexto das práticas sociais e eventos comunicativos. In: SIGNORINI, Inês (org.). *Investigando a relação oral/escrito*: e as teorias do letramento. Campinas: Mercado de Letras, 2001, pp. 23-50.

MARTELETO, Maria Regina. Análise de redes sociais: aplicação nos estudos de transferência da informação. *Ci. Inf.* v. 30 n.1 Brasília, jan./abr., 2006.

MATTOSO CÂMARA JR., Joaquim. *Dicionário de Linguística e Gramática*: referente à língua portuguesa. Petrópolis: Vozes, 1978.

_____. *História da Linguística*. Trad. Maria do Amparo Barbosa Azevedo. Petrópolis: Vozes, 1979.

MELO, Djalma C. Atitudes linguísticas com relação a sotaques regionais no Brasil. In: BORTONI-RICARDO, Stella M.; VELLASCO, Ana Maria M. S.; FREITAS, Vera Aparecida L. F. (orgs.). *O falar candango*: análise sociolinguística dos processos de difusão e focalização dialetais. Brasília: UnB, 2010, pp. 33-63.

MILROY, Lesley. *Language and social networks*. Oxford: Basil Blackwell, 1980.

MITCHELL, James Clyde (org.). *Social networks in urban situations*. Manchester: University Press, 1969.

MOLLICA, Maria Cecília. *Estudo da cópia nas construções relativas em português*. Rio de Janeiro, 1977. Dissertação (Mestrado) – PUC – Rio de Janeiro.

_____. La "copie" dans les constructions relatives en Portugais. In: SANKOFF, D.; CEDERGREN, H.(eds.). *Variation Omnibus*: Current Inquiry into Language, Linguistics and Human Communication 40, 1981.

_____. *Redes Sociais em Grandes Centros Urbanos*: um estudo sociolinguístico no Rio de Janeiro. Terceira Margem, ano III, n. 3, 1995, pp. 156-61.

_____. Relativas em tempo real. In: LAMOGLIA DUARTE, M. E.; PAIVA, M. C. (orgs.). *Mudança linguística em tempo real no português brasileiro contemporâneo*. Rio de Janeiro: Contracapa, 2003, pp. 129-38.

_____. *Migração, redes sociais, acomodação, variação e mudança*. Projeto de Pesquisa CNPq: Processo nº. 303651/2010.

MOREIRA, Daniel A. *Analfabetismo funcional*: o mal nosso de cada dia. São Paulo: Thomson Learning, 2003.

MORENO, Jacob Levy. *Who shall survive?* Foundations of sociometry, Group Psychotherapy and Sociodrama. New York: Beacon House, 1953.

MUNIZ, Luciana M. C. Falas jaraguenses: uma etnografia de uma comunidade rural goiana. In: BORTONI-RICARDO, Stella Maris et al. (orgs.). *O falar candango:* análise sociolinguística dos processos de difusão e focalização dialetais. Brasília: Editora UnB, 2010, pp. 187-218.

NARO, Anthony J.; SCHERRE, Maria Marta. *Origem do português brasileiro*. São Paulo: Parábola, 2007.

OLIVEIRA, Fernão de. *A gramática da linguagem portuguesa*. Introdução, leitura atualizada e notas por Maria L. C. Buescu. Lisboa: Imprensa Nacional, Casa da Moeda, 1975 [1536].

OLIVEIRA, Marco Antônio de. Controvérsia neogramática reconsiderada. *International Journal of the Sociology of language*, n. 89, 1991, pp. 93-105.

OLSON, David R. Introduction. In: OLSON, David R.; TORRANCE, Nancy; HILDYARD, Angela (orgs.). *Literacy, language and learning*: the nature and consequences of reading and writing. Cambridge: Cambridge University Press, 1985, pp. 1-15.

_____. *O mundo no papel*: as implicações conceituais e cognitivas da leitura e da escrita. Trad. Sérgio Bath. São Paulo: Ática, 1983.

ONG, Walter J. *Oralidade e cultura escrita*: a tecnologização da palavra. Trad. Enid Abreu Dobránsky. Campinas: Papirus, 1982.

PAREDES, Vera Lúcia Silva. "Cartas cariocas: a variação do sujeito na escrita informal". Rio de Janeiro, 1988. Tese (Doutorado) – UFRJ, 1988.

PAYNE, Arvilla. Factors controlling the acquisition of the Philadelphia dialect by out-of-state children. In: LABOV, William (org.). *Locating language in time and space*. New York: Academic Press, 1980, pp. 143-78.

PEREIRA, Marcelo F. R. *O oral também se ensina em sala de aula*. Brasília, 2013. Dissertação (Mestrado em Educação) – Universidade de Brasília, 2013.

PEREIRA, Maria das G. D.; BASTOS, C. R.; PEREIRA, T. C. (orgs.). *Discursos socioculturais em interação*: interfaces entre a narrativa, a conversação e a argumentação. Rio de Janeiro: Garamond, 2009.

QUEIROZ, Maria Isaura Pereira de. *Cultura, sociedade rural, sociedade urbana no Brasil*. Rio de Janeiro: Livros Técnicos e Científicos/São Paulo: Edusp, 1978.

RAMOS, Fabiana. *Atitudes linguísticas de falantes campinenses sobre os fenômenos de palatalização das consoantes /t/ e /d/ e do uso da concordância nominal de número*. Dissertação (Mestrado em Letras) – UFPB, 1999.

RIBEIRO, Branca T.; GARCEZ, Pedro M. (orgs.). *Sociolinguística interacional*. São Paulo: Loyola, 2002.

RODRIGUES, Aryon D. *Línguas brasileiras*: para o conhecimento das línguas indígenas. São Paulo: Loyola, 1986.

SANKOFF, Gillian. Language use in multilingual societies: some alternative approaches. In: PRIDE, John B.; HOLMES, Janet (orgs.). *Sociolinguistics*. Baltimore: Penguin Books, 1972, pp. 33-51.

SARRETA-ALVES, Eliana Maria. *O trabalhador rural e as exigências letradas na área rural*. Brasília, 2013; Tese (Doutorado em Educação) – Universidade de Brasília.

SAUSSURE, Ferdinand de. *Curso de linguística geral*. Trad. A. Chelini, J. P. Paes; I. Blikstein. São Paulo: Cultrix, 1977 [1916].

SAVILLE-TROIKE, Muriel. *The Ethnography of Communication*: an introduction. Oxford: Basil Blackwell, 1982.
SHAW, George Bernard. *Pigmaleão*. Trad. Millôr Fernandes. Porto Alegre: L&PM, 2005.
SHUY, Roger. Code-switing in Lady Chatterley's Lover. *Working paper in Sociolinguistics*, v. 22, 1975.
SILVA NETO, Serafim. *Introdução ao estudo da língua portuguesa no Brasil*. Rio de Janeiro: Presença, 1977 [1950].
SOUSA, Maurício. *Chico Bento moço*. São Paulo: Maurício de Sousa Editora, 2013.
STREET, Brian. *Literacy in Theory and Practice*. Cambridge: Cambridge University Press, 1984.
STUBBS, Michael. *Language and Literacy*. London: Routledge and Kegan Paul, 1980.
TANNEN, Deborah. What's in a frame? Surface evidence for underlying expectations. In: R. Freedle (org.). *New directions in discourse processing*. Norwood: Oxford University Press, 1979, pp. 137-81.
_____; WALLAT, Cynthia. Enquadres e esquemas de conhecimento em interação: Exemplos de um exame/consulta médica. In: Ribeiro, Branca T.; GARCEZ, Pedro M. *Sociolinguística Interacional*. 2. ed., revista e ampliada, São Paulo: Loyola, 2002, pp. 183-214.
TARALLO, Fernando. *Relativization Strategies in Brazilian Portuguese*. University of Pennsylvania. Tese de doutorado inédita, 1983.
TRUDGILL, P. Accomodation between dialects. In: _____. *Dialects in contact*. Oxford: Blackwell, 1986.
VIOTTI, Evani. Mudança linguística. In: FIORIN, José Luiz (org.). *Linguística? Que é isso?* São Paulo: Contexto, 2013, pp.137-79.
WEINREICH, Uriel; LABOV, William; HERZOG, Marvin. *Fundamentos empíricos para uma teoria da mudança linguística*. Trad. Marcos Bagno. São Paulo: Parábola, 2006 [1968].
WILLIAMS, Frederick. *Language and poverty*: perspectives on a theme. Chicago: Markham, 1971.
WOLFRAM, W.; FASOLD, R. *The study of social dialects in American English*. Englewood Cliffs: Prentice-Hall, 1972.

A autora

Stella Maris Bortoni-Ricardo é professora titular de Linguística na Universidade de Brasília. Já orientou mais de cem trabalhos de conclusão de pós-doutorado, doutorado e mestrado em Sociolinguística Educacional. Suas publicações mais recentes podem ser acessadas em <www.stellabortoni.com.br.> Foi presidente da ANPOLL no período de 1992-1994 e presidente em exercício da Abralin no período de 2003-2005.